••• Títulos relacionados

IFCT0310. ADMINISTRACIÓN DE BASES DE DATOS

[DISPONIBLE CERTIFICADO COMPLETO]

Solicítalos en
- Librería
- www.paraninfo.es
- Solicitudes nacionales +34 914 463 350
- Solicitudes fuera de España +34 913 308 907
                                              +34 913 308 919

Salvaguarda y seguridad de los datos

Carlos Caballero
Juan Antonio Clavero

Paraninfo

Edición y maquetación: Ediciones Nobel, S. A.

Impresión: Liberdigital (Casarrubuelos, Madrid)
ISBN: 978-84-283-6697-7
Depósito legal: M-9883-2025

Impreso en España

Autores

Carlos Caballero es doctor e ingeniero en Informática *cum laude* (2007 y 2013). Los estudios de doctorado realizados en Tecnologías Informáticas tienen mención especial de calidad por parte del Ministerio de Educación. Además, es titulado de varios másteres oficiales por la Escuela Técnica Superior de Ingeniería en Informática de Málaga (Inteligencia Artificial e Ingeniería del *Software*) y por la Escuela Técnica Superior de Ingenieros Industriales de la Universidad CEU-San Pablo.

Carlos Caballero es funcionario de carrera y profesor titular de la especialidad de sistemas y aplicaciones informáticas dependiente de la Junta de Andalucía desde el año 2008, impartiendo docencia directa a alumnos de ciclo formativo de grado superior de la familia profesional de Informática y Comunicaciones. Además, es profesor colaborador en la Universitat Oberta de Catalunya desde el curso 2013/2014 en las enseñanzas del área de Informática y Telecomunicaciones, y también profesor del Ministerio de Educación en el proyecto de Aula Mentor en el área de Informática desde el curso 2012/2013.

Carlos Caballero ha buscado la excelencia en sus investigaciones tal y como avalan todas sus publicaciones en revistas del primer cuartil (dos publicaciones en la revista *Solar Physics*) y los congresos (diez), todos de primera línea. El autor ha desarrollado trabajos en varios proyectos de investigación de excelencia de la Junta de Andalucía y el Ministerio de Ciencia e Innovación destacando "Sistemas de estimación de conectividad magnética Sol-Tierra y pronósticos de flujo de protones de altas energías (>10MEV)" y "Propuestas de actuación y parámetros de sostenibilidad en el acceso y la rehabilitación de la vivienda en Andalucía".

Juan Antonio Clavero es técnico superior en Administración de Sistemas Informáticos y en Red. Es experto en Linux, gestión y monitorización de redes, *scripting,* administración de bases de datos y servicios web con alta disponibilidad, con más de diez años de experiencia laboral.

En el transcurso de su experiencia profesional ha ocupado diferentes puestos de trabajo, desde técnico de reparación y montaje de sistemas informáticos, pasando responsable del servicio técnico hasta ocupar el cargo de gerente.

En el desempeño de sus funciones ha resuelto proyectos tanto para el sector privado como para el sector público.

Índice

Introducción normativa

La Ley Orgánica 3/2022, de 31 de marzo, de ordenación e integración de la Formación Profesional, contiene una disposición derogatoria única que afecta a la regulación de los certificados de profesionalidad, ahora denominados **Certificados Profesionales.** La referida normativa deroga la Ley Orgánica 5/2002, de 19 de junio, de las Cualificaciones y de la Formación Profesional, y abre un escenario de cambios que se irán implementando progresivamente.

La Ley Orgánica 3/2022, de 31 de marzo, de ordenación e integración de la Formación Profesional implica que toda la formación es acumulable. La oferta formativa se estructura de forma escalonada, siendo los Certificados Profesionales un nivel intermedio (Grado C) de una escala que va desde el Grado A hasta el E.

En los artículos 35 a 38 de la Ley 3/2022 se describe en qué consisten estos Certificados Profesionales: su oferta, formación asociada, estructura, duración, acceso, titulación y validez. Posteriormente, esta normativa se completa con lo dispuesto en el Real Decreto 659/2023, de 18 de julio, que desarrolla la ordenación del sistema de Formación Profesional. Concretamente en los artículos 67 a 81 es donde se hace referencia a la oferta formativa de Grado C, correspondiente a los Certificados Profesionales.

Están agrupados en 26 familias profesionales con características comunes del sector. En la actualidad hay más de medio millar de Certificados Profesionales incluidos en el Repertorio Nacional. Esta cifra no deja de crecer. Además, cada certificado está específicamente regulado por un real decreto.

Un Certificado Profesional corresponde al Grado C de la oferta del Sistema de Formación Profesional. Es un documento oficial, con validez en todo el territorio nacional y debe constar en el Catálogo Nacional de Ofertas de Formación Profesional, que certifica la capacitación para el desarrollo de una actividad profesional.

Debe detallar los módulos profesionales superados y los estándares de competencia profesional asociados a él e incluidos en el **Catálogo Nacional de Estándares de Competencias Profesionales**, así como su correspondencia con el Marco Español de Cualificaciones.

Despliegan su validez en un doble ámbito, laboral y académico:

- En el contexto laboral tienen validez profesional, porque acreditan las competencias en una determinada profesión. Para poder trabajar en algunas profesiones, se exigen determinadas cualificaciones, y los certificados sirven para acreditarlas.

- Asimismo, tienen validez académica, puesto que permiten continuar un itinerario formativo siempre que se cumplan los requisitos de acceso para cursar la titulación deseada. De tal modo que, los Certificados Profesionales que sean parte de un Grado D permitirán la matrícula modular para completar los módulos establecidos en el currículo y obtener el correspondiente título de técnico básico, técnico o técnico superior con validez en todo el territorio nacional.

Para obtener un Certificado Profesional (Grado C) es preciso cumplir con los requisitos de acceso para realizar la formación.

Estructura de los Certificados Profesionales

I. Identificación: denominación, familia y área profesional a la que pertenecen; nivel de cualificación profesional (1, 2 o 3); cualificación profesional de referencia; entorno profesional y módulos formativos que esté previsto cursar junto con la duración de cada uno de ellos.

II. Perfil profesional: incluye las competencias profesionales requeridas en el mercado laboral. En todas ellas se concretan las realizaciones profesionales y los criterios de realización.

III. Formación: describe los módulos formativos que esté previsto cursar para adquirir las competencias requeridas. En cada uno de ellos se indican las capacidades que se pretende alcanzar y la duración del módulo de prácticas no laborales —PNL—, para el que cabe solicitar exención si se cumplen determinados requisitos.

IV. Prescripciones de las personas formadoras.

V. Requisitos mínimos de espacios, instalaciones y equipamiento.

Los Certificados Profesionales se identifican con una denominación concreta y un código alfanumérico propio, y sirven para acreditar una determinada cualificación profesional. Cada certificado está asociado a una relación de unidades de competencia que, a su vez, se vinculan con una serie de módulos formativos específicos. Algunos módulos están integrados por unidades formativas y tanto unos como otras son, en ocasiones, transversales, lo que significa que se trata de contenidos incluidos en más de un Certificado Profesional.

Los Certificados Profesionales se articulan en tres niveles de competencia profesional (1, 2 y 3) conforme a lo dispuesto en el que será el Catálogo Nacional de Estándares de Competencias Profesionales, anteriormente Catálogo Nacional de Cualificaciones Profesionales (CNCP), según los criterios establecidos de conocimientos, iniciativa, autonomía y complejidad de las tareas, en cada una de las ofertas de Formación Profesional.

La oferta formativa dirigida a la obtención de los Certificados Profesionales tiene carácter modular para favorecer la acreditación parcial acumulable de la formación recibida y posibilitar así el avance en el itinerario de Formación Profesional para cualquiera que sea la situación laboral de cada persona en cada momento.

En definitiva, el Grado C constituye la oferta, parcial y acumulable, del sistema de Formación Profesional, de varios módulos profesionales del catálogo modular de Formación Profesional por razón de su significado en el mercado laboral y conducente a la obtención de un Certificado Profesional.

Las ofertas de Grado C de Formación Profesional tendrán por objeto módulos profesionales incluidos previamente en el catálogo modular de formación profesional y asociados al Catálogo Nacional de Estándares de Competencias Profesionales.

Finalidad de los Certificados Profesionales

- Contribuir a la ordenación de un Sistema de Formación Profesional al servicio de un régimen de formación y acompañamiento profesionales que sea capaz de responder con flexibilidad a los intereses, expectativas y aspiraciones de cualificación profesional de las personas a lo largo de su vida.

- Combinar escuela y empresa situando a la persona en el centro del sistema.

- Facilitar el aprendizaje permanente de toda la ciudadanía mediante una formación abierta, flexible y accesible, estructurada de forma modular, a través de la oferta formativa asociada al certificado.

- Acreditar las cualificaciones profesionales o las unidades de competencia recogidas en estas, independientemente de su vía de adquisición, bien sea través de la vía formativa, o mediante la experiencia laboral o vías no formales de formación.

- Favorecer, tanto a nivel nacional como europeo, la transparencia del mercado de trabajo.

- Contribuir a la calidad de la oferta de Formación Profesional.

Este libro

El presente libro desarrolla la Unidad Formativa denominada *Salvaguarda y seguridad de los datos,* UF1473.

Dicha unidad formativa está asociada a la Unidad de Competencia UC0225_3, forma parte del Módulo Formativo MF0225_3 *Gestión de bases de datos* perteneciente a la Cualificación Profesional de referencia IFT 079_3, de nivel 3, incluida en el Certificado Profesional denominado *Administración de bases de datos*, dentro de la familia profesional Informática y Comunicaciones.

Según el Real Decreto 1531/2011, de 31 de octubre, modificado por el RD 628/2013, de 2 de agosto, los contenidos que en esta obra se recogen se corresponden con una duración de 70 horas.

Tanto la estructura como el desarrollo del libro se ajustan al citado real decreto y más concretamente a los contenidos de la Unidad Formativa que le da título *Salvaguarda y seguridad de los datos,* UF1473.

Contenidos

1. Salvaguarda y recuperación de datos
- Descripción de los diferentes fallos posibles (tanto físicos como lógicos) que se pueden plantear alrededor de una base de datos.
- Enumeración y descripción de los elementos de recuperación ante fallos lógicos que aportan los principales SGBD estudiados.
- Distinción de los diferentes tipos de soporte utilizados para la salvaguarda de datos y sus ventajas e inconvenientes en un entorno de *backup.*
- Concepto de RAID y niveles más comúnmente utilizados en las empresas.
  - RAID5, RAID6.
  - Clasificación de los niveles RAID por sus tiempos de reconstrucción.
- Servidores remotos de salvaguarda de datos.
- Diseño y justificación de un plan de salvaguarda y un protocolo de recuperación de datos para un supuesto de entorno empresarial.
- Tipos de salvaguardas de datos.
  - Completa.
  - Incremental.
  - Diferencial.

- Definición del concepto de RTO *(Recovery Time Objective)* y RPO *(Recovery Point Objective)*.
- Empleo de los mecanismos de verificación de la integridad de las copias de seguridad.

2. Bases de datos distribuidas desde un punto de vista orientado a la distribución de los datos y la ejecución de las consultas

- Definición de SGBD distribuido. Principales ventajas y desventajas.
- Características esperadas en un SGBD distribuido.
- Clasificación de los SGBD distribuidos según los criterios de:
  - Distribución de los datos.
  - Tipo de los SGBD locales.
  - Autonomía de los nodos.
- Enumeración y explicación de las reglas de DATE para SGBD distribuidos.
- Replicación de la información en bases de datos distribuidas.
- Procesamiento de consultas.
- Descomposición de consultas y localización de datos.

3. Seguridad de los datos

- Conceptos de seguridad de los datos: confidencialidad, integridad y disponibilidad.
- Normativa legal vigente sobre datos.
- Los datos de carácter personal y el derecho a la intimidad.
- Leyes de primera, segunda y tercera generación.
- Ley de Protección de Datos de Carácter Personal.
- La Agencia de Protección de Datos.
- Registro General de Protección de Datos.
- Argumentación desde un punto de vista legal las posibles implicaciones legales que tiene que tener en cuenta un administrador de bases de datos en su trabajo diario.
  - Tipos de amenazas a la seguridad.
    - ✓ Accidentales: errores humanos, fallos *software/hardware*.
    - ✓ Intencionadas: ataques directos e indirectos.

- Políticas de seguridad asociadas a BBDD.
  - ✓ Perfiles de usuario.
  - ✓ Privilegios de usuario.
  - ✓ Vistas de usuario.
  - ✓ Encriptación de datos.
- El lenguaje de control de datos DCL.
- Enumeración de los roles más habituales de los usuarios en SGBD.
- Implementación en al menos dos SGDB.
- Seguimiento de la actividad de los usuarios.
- Enumeración de las distintas herramientas disponibles para seguir la actividad de los usuarios activos.
- Enumeración de las distintas herramientas y métodos para trazar las actividad de los usuarios desde un punto de vista forense.
- Empleo de una herramienta o método para averiguar la actividad de un usuario desde un momento determinado.
- Empleo de una herramienta o método para averiguar un usuario a partir de determinada actividad en la base de datos.
- Argumentación de las posibles implicaciones legales a la hora de monitorizar la actividad de los usuarios.
  - Introducción básica a la criptografía.
    - ✓ Técnicas de clave privada o simétrica.
    - ✓ Técnicas de clave pública o asimétrica.
  - La criptografía aplicada a: la autenticación, confidencialidad, integridad y no repudio.
  - Mecanismos de criptografía disponibles en el SGBD para su uso en las bases de datos.
  - Descripción de los mecanismos criptográficos que permiten verificar la integridad de los datos.
  - Descripción de los mecanismos criptográficos que permiten garantizar la confidencialidad de los datos.
  - Métodos de conexión a la base datos con base criptográfica.
- Desarrollo de uno o varios supuestos prácticos en los que se apliquen los elementos de seguridad vistos con anterioridad.

4. Transferencia de datos

- Descripción de las herramientas para importar y exportar datos.
  - Importancia de la integridad de datos en la exportación e importación.
- Clasificación de las herramientas.
  - *Backups* en caliente.
  - *Backups* en frío.
- Muestra de un ejemplo de ejecución de una exportación e importación de datos.
- Migración de datos entre diferentes SGBD.
- Valoración de los posibles inconvenientes que podemos encontrar a la hora de traspasar datos entre distintos SGBD y proponer soluciones con formatos de datos intermedios u otros métodos.
  - Empleo de alguno de los mecanismos de verificación del traspaso de datos.
  - Interconexión con otras bases de datos.
  - Configuración del acceso remoto a la base de datos.
    - ✓ Enumeración de los métodos disponibles.
    - ✓ Enumeración de las ventajas e inconvenientes.

Nota del editor

En Ediciones Paraninfo estamos comprometidos con la calidad de la formación e intentamos que nuestros materiales, respondan fielmente y con rigor a las necesidades de todos cuantos confían en nuestro sello editorial.

Tratamos de dar respuesta a los currículos de las unidades formativas y de los módulos que integran los distintos Certificados Profesionales, equilibrando la parte teórica con la práctica para que los procesos de aprendizaje se conviertan en experiencias gratificantes tanto para docentes como para las personas inmersas en los procesos formativos.

Contribuir de forma decisiva a afianzar aprendizajes, ayudar a adquirir destrezas que tengan significado para el empleo y conseguir potenciar el desarrollo personal es nuestra mayor satisfacción como editores.

Para lograrlo contamos con excelentes autores, expertos en las materias que abordan, en la mayoría de los casos docentes de dichas especialidades con dilatada experiencia profesional y académica, porque buscamos perfiles familiarizados con los contextos laborales concretos a los que se refieren nuestros manuales.

Confiamos en poder serte de ayuda y esperamos tus impresiones acerca de nuestro trabajo. Sean positivas o negativas, serán muy bien recibidas y, sin duda, nos ayudarán a seguir mejorando y trabajando con ilusión para continuar siendo un referente en formación para el empleo.

Agradecemos tu confianza en nuestros manuales. Todo nuestro equipo queda a tu total disposición. Puedes contactar con nosotros en esta dirección de correo electrónico: info@paraninfo.es.

1. Salvaguarda y recuperación de datos

Contenidos

Introducción

Todos los sistemas informáticos están sujetos a fallos. Estos fallos se pueden producir por diversas razones, tales como errores físicos (fallos de discos o componentes electrónicos) o lógicos (mal comportamiento del *software*). En cada uno de estos fallos se puede perder información. Es bien sabido por el lector que lo que realmente tiene valor en los sistemas informáticos es la información. En este capítulo se van a presentar los diferentes elementos y técnicas existentes para salvaguardar los datos y, en caso de que se produzcan errores, proceder a su recuperación.

El capítulo comienza presentando conceptos previos, como son las transacciones (en las bases de datos), o los estados por los que atraviesa cada una de las transacciones y las propiedades (ACID) que deben cumplir para garantizar que se puedan recuperar los datos. En la sección 1.2 se describen los posibles fallos, tanto físicos como lógicos, que pueden aparecer en las bases de datos modernas. Una vez conocidos, en la sección 1.3 se enumeran y describen los elementos de recuperación que incorporan los sistemas gestores de bases de datos para recuperarse ante errores lógicos. Los errores *hardware* pueden aparecer principalmente en los soportes de almacenamiento, donde se almacenan los datos que se quieren salvaguardar. En la Sección 1.4 se describen los diferentes tipos de soporte de almacenamiento que se utilizan para salvaguardar los datos y se presenta una tabla comparativa que nos ayuda a decidir qué soporte utilizar según cada uno de los supuestos prácticos en los que se encuentre el administrador. En la sección 1.5 se presenta el concepto de RAID y las diferentes configuraciones en las que se pueden configurar los discos para ofrecer un nivel mayor de seguridad a los datos, realizando un análisis del tiempo de reconstrucción de los datos una vez que se produce un fallo. Un paso extra en la seguridad de los datos consiste en almacenar la información en servidores remotos, por lo que en la sección 1.6 se describen las características que deben cumplir estos servidores remotos.

Una vez que se conocen los posibles fallos y los soportes de almacenamiento, se debe diseñar y justificar un plan para salvaguardar los datos, así como un protocolo de recuperación de los mismos. Los principales pasos que debe cubrir este plan se describen en la sección 1.7. No hay que olvidar que existen varios tipos y técnicas de copias de seguridad, como son la copia de seguridad completa, la diferencial y la incremental, las cuales se describen en profundidad en la sección 1.8. Finalmente, el capítulo concluye presentando los conceptos de RTO (*Recovery Time Objective*) y RPO (*Recovery Point Objective*) en la sección 1.9 y los algoritmos que permitan verificar la integridad de las copias de seguridad realizadas en la sección 1.10.

1.1. Conceptos previos

Se llama **transacción** al conjunto de operaciones que realiza un SGBD (sistema gestor de bases de datos) para llevar a cabo una unidad lógica de trabajo. Es decir, desde el punto de vista de los usuarios se realiza una única operación sobre la base de datos, mientras que el SGBD, en realidad, está realizando una serie de operaciones. Por ejemplo, cuando se realiza una transferencia bancaria entre dos personas, el usuario realiza una única operación, mientras que el SGBD debe realizar varias: 1) Sustraer el dinero de la cuenta A y 2) Agregar el dinero a la cuenta B. Imagine que se produce un error entre la operación 1 y la operación 2, y el SGBD solamente realiza la operación 1 y nunca lleva a cabo la operación 2. En este caso, se produce una inconsistencia en los datos que no se puede permitir. Por lo tanto, los sistemas transaccionales aseguran que se realicen satisfactoriamente todas las operaciones, o bien que no se realizará ninguna. Es decir, si se produce un error entre la operación 1 y 2, se deshará la operación 1 para que el sistema quede estable y sin fallos de integridad de datos.

El concepto de transacción no es único de los SGBD, sino que se utiliza en múltiples lenguajes de programación (C, C++, JAVA, C#...), en los cuales se delimita el conjunto de operaciones que componen la transacción utilizando instrucciones como *inicio_transacción* y *fin_transacción*. Uno de los puntos fundamentales de las transacciones es el de garantizar la integridad de los datos, y, para ello, el SGBD debe proporcionar las siguientes propiedades:

- **Atomicidad (*Atomicity*).** Todas las operaciones de la transacción se llevarán a cabo satisfactoriamente o ninguna de ellas se realizará, sin importar el número de operaciones por las que esté compuesta la transición.

- **Consistencia (*Consistency*).** La ejecución aislada de una transacción mantiene la consistencia de la base de datos. La ejecución aislada se refiere a que no se están ejecutando múltiples transacciones concurrentemente en la base de datos.

- **Aislamiento (*Isolation*).** En los SGBD se ejecutan múltiples transacciones concurrentes, las cuales pueden tener efectos entre sí. No obstante, el aislamiento garantiza que para cada par de transacciones Ti y Tj, los efectos de Ti deben haber concluido su ejecución antes de que comience Tj, o bien Tj debe haber comenzado su ejecución después de que Ti haya concluido. Por lo tanto, cada una de las transacciones del sistema es independiente de las otras que están ejecutándose concurrentemente, puesto que su resultado no les afecta.

- **Durabilidad (*Durability*).** Las transacciones que finalizan con éxito garantizan que los cambios realizados en la base de datos son permanentes, aunque *a posteriori* se produzca un fallo.

Estas cuatro propiedades se conocen como **ACID**, el acrónimo de las propiedades en inglés.

Todas las transacciones que finalizan en ausencia de fallo, se considera que han concluido con éxito. No obstante, es interesante conocer los diferentes estados por los que pasa una transacción a lo largo de su ejecución. En la Figura 1.1 se muestra el diagrama de estados de la transacción a través de los siguientes estados:

- **Activa.** Este es el estado inicial de la transacción y también el estado en que se encuentra la transacción durante su ejecución.

- **Parcialmente comprometida.** Es el estado que se alcanza cuando una transacción se completa con éxito.

- **Fallida**. Es el estado que asume la transacción cuando no se puede continuar la ejecución normal.

- **Comprometida**. Es el estado que se alcanza cuando una transacción es completada con éxito.

- **Abortada**. En caso de que se produzca un error en la ejecución de la transacción, esta debe retroceder y restablecer el estado de la base de datos.

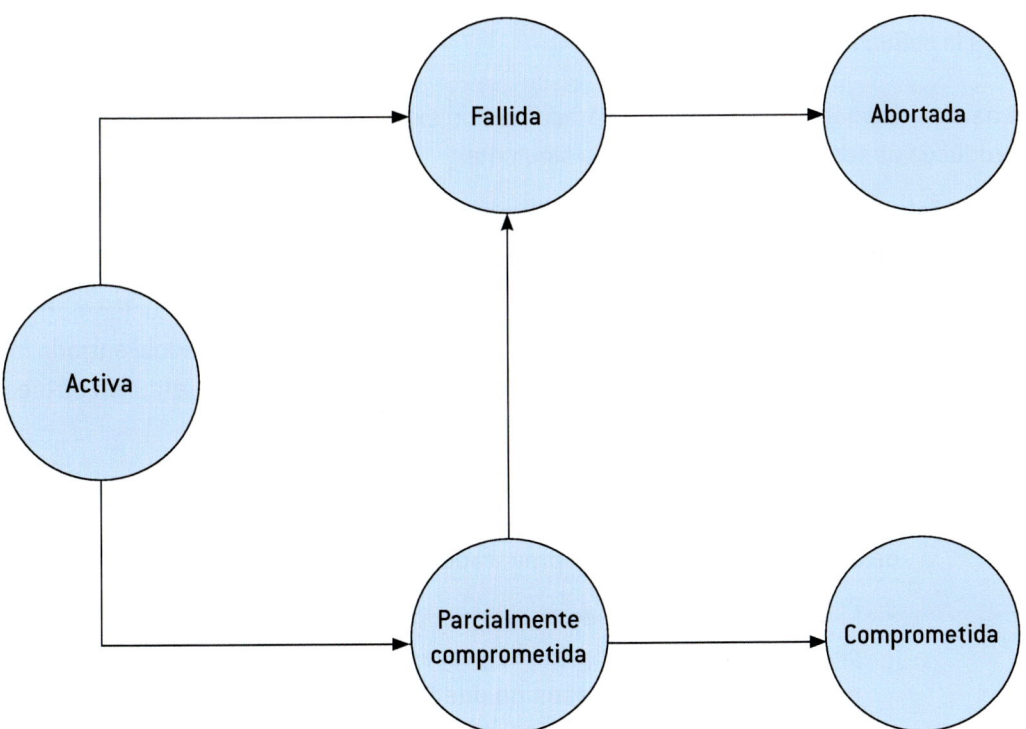

Figura 1.1. Diagrama de estados de la vida de una transacción.

1.2. Descripción de los diferentes fallos posibles (tanto físicos como lógicos) que se pueden plantear alrededor de una base de datos

El primer paso para salvaguardar y recuperar los datos en una base de datos es identificar los diferentes fallos que pueden surgir en el uso del sistema informático, ya que cada uno de ellos se gestiona de modo diferente. Los fallos que se producen en una base de datos se clasifican en dos grandes bloques:

- **Fallos físicos.** Se producen debido a incidencias en el *hardware* donde reside la base de datos. Por ejemplo, los soportes de almacenamiento, fuentes de alimentación o placa base.

- **Fallos lógicos.** Son aquellos fallos en los que se ven alterados los procesos y transacciones del sistema gestor de bases de datos. Son errores que afectan directamente a los datos almacenados en la base de datos.

Los fallos que son más fáciles de resolver son aquellos en los que no se produce una pérdida de información, mientras que los fallos que requieren un mayor esfuerzo son aquellos en los que se produce pérdida de información. De hecho, los fallos en los que se produce pérdida de información pueden ser irrecuperables según la gravedad del fallo y la política de copias de seguridad.

Una clasificación ampliamente aceptada por los expertos respecto a los fallos que se producen alrededor de una base es la siguiente:

- **Fallo en la transacción.** Los errores asociados a las transacciones se clasifican en dos tipos de errores:

  — **Error lógico.** Las transacciones en el SGBD no tienen una ejecución normal debido a un error interno, como pueden ser datos no encontrados, entrada incorrecta (en formato o valor), desbordamientos de memoria, etc. Son errores que se provocan en un nivel de desarrollo/programación.

  — **Error del sistema.** El SGBD se encuentra en un estado no deseado que impide que las transacciones puedan ejecutarse con normalidad. Un claro ejemplo de un error del sistema es el provocado por el interbloqueo.

    ✓ El interbloqueo (bloqueo mutuo, *deadlock*, abrazo mortal) es el bloqueo permanente de un conjunto de procesos en un sistema concurrente. En este caso, dichos procesos no pueden avanzar debido a que dependen de recursos o acciones de los demás procesos. Por lo tanto, algunos de ellos deben ceder en recursos o paso de mensajes para que pueda avanzar el resto.

- **Caídas del sistema.** Errores en el sistema operativo, en el *software* encargado de la gestión de la base de datos o debido a averías en el *hardware* que provocan la pérdida del contenido de la memoria volátil y la detección del sistema. En este tipo de averías el contenido de la información almacenado en la memoria no volátil no se ve afectado. No obstante, las últimas transacciones pueden verse afectadas si no se han trasladado a un estado estable. Existen diferentes técnicas para evitar las caídas del sistema tanto a nivel físico como lógico, tales como la replicación de recursos o los balanceadores.

- **Fallo en el soporte de almacenamiento.** Este error se produce cuando un bloque de datos se pierde en el soporte de almacenamiento debido a la transferencia de datos o a cuestiones físicas del soporte de almacenamiento, como puede ser la colisión de la cabeza lectora en los soportes de almacenamiento magnéticos. Los fallos provocados por catástrofes, tales como inundaciones, cortes del suministro eléctrico, terremotos, incendio, etc., se incluyen en este grupo de fallos sobre la base de datos, aunque en el contexto tienen una gravedad mayor. Este tipo de fallos se puede subsanar fácilmente con una adecuada política de copias de seguridad.

1.3. Enumeración y descripción de los elementos de recuperación ante fallos lógicos que aportan los principales SGBD estudiados

Los SGBD deben proporcionar algoritmos y herramientas para evitar y remediar fallos que se producen con su uso. Siempre que se produzca un fallo, se debe asegurar que la base de datos quede en un estado estable que permita seguir funcionando sin ningún efecto negativo en el rendimiento ni en la integridad de los datos. Es decir, el sistema de recuperación de un SGBD debe restaurar la información almacenada en una base de datos a un estado similar al previo de producirse el fallo.

A continuación se describen algunos de los elementos utilizados por la mayoría de los SGBD para recuperar la información lógica en caso de que se produzca un fallo en las transacciones.

- **Registro histórico (LOG).** Es la estructura de datos más extendida para guardar las modificaciones que se producen en los datos. El registro histórico (LOG) es una secuencia de registros con todas las modificaciones que se han realizado en la base de datos. En esta estructura, cada uno de los registros describe una única modificación en la base de datos y suele estar compuesto por los siguientes atributos:

  — **Identificador de la transacción.** Es el identificador único de la transacción, el cual permite determinar cada una de las transacciones en caso de que haya que volver a ella por algún fallo.

- **Identificador del elemento de datos.** Es el identificador único del elemento de datos, es decir, de los datos en sí que se están modificando. Se suele referenciar con la posición del soporte de almacenamiento.

- **Valor anterior.** Es el valor que tenía el registro antes de realizar la escritura.

- **Valor nuevo.** Es el valor que tiene el registro después de realizar la escritura.

Existen dos técnicas que hacen uso del registro histórico para la recuperación frente a fallos que se describen a continuación:

- **Modificación diferida de la base de datos.** En esta técnica se almacenan todas las modificaciones en el registro histórico, pero no se llevan a cabo las operaciones de escritura hasta que la transacción se compromete parcialmente. Posteriormente, el registro se utiliza para dar lugar a la transacción final. Observe que en esta técnica no es necesario utilizar el atributo *valor anterior* para recuperarse ante fallos.

- **Modificación inmediata de la base de datos.** En esta técnica, las operaciones de escritura se llevan a cabo en el mismo momento que se solicitan. Las modificaciones de datos por transacciones activas reciben el nombre de modificaciones no comprometidas. En caso de que se produzca un fallo en la transacción, se debe volver al estado anterior haciendo uso del atributo *valor anterior.*

- **Paginación en la sombra.** Es una técnica de recuperación ante fallos que puede requerir menos accesos al disco que los métodos basados en el registro histórico. No obstante, el principal inconveniente de esta técnica es que no es sencillo extender la paginación en la sombra para realizar varias transacciones concurrentemente. En esta técnica, la base de datos se divide en un número determinado de bloques de longitud fija que se denominan páginas (exactamente igual que la paginación de la memoria RAM del sistema operativo). De este modo, si existen N páginas numeradas, desde 0 hasta $N-1$, no es necesario almacenar en disco estas páginas, pero en caso de requerir una página i que no se encuentra entre las $N-1$ páginas seleccionadas, se debe proporcionar un mecanismo para poder localizar dicha página en la base de datos.

- **Transacciones concurrentes.** Las anteriores técnicas realizan una recuperación en entornos donde se ejecuta una sola transacción en cada instante. En el caso de que el sistema sea concurrente, se debe recurrir a un conjunto de técnicas especializadas en este contexto.

  - **Retroceso de transacciones.** En esta técnica se hace uso del registro histórico para retroceder una transacción que ha fallado. Se explora hacia atrás el registro histórico, para cada uno de los registros que componen el registro histórico, se vuelve a su valor anterior en cada una de las apariciones que tiene en el registro. Esto es muy importante porque un mismo registro puede haber sufrido varias modificaciones en la misma transacción.

— **Puntos de revisión.** Los puntos de revisión reducen el número de registros del registro histórico que deben examinarse cuando se produce una caída en el sistema, puesto que cuando se establece un punto de revisión estamos forzando a que todas las transacciones hasta ese momento se lleven a cabo en el SGBD. En caso de que el sistema no sea concurrente, solamente se tendrán en cuenta las siguientes transacciones:

✓ Las transacciones que comienzan después del último punto de revisión.

✓ La única transacción, si esta existía, que se encontraba activa en el momento de realizarse el último punto de revisión.

No obstante, si las transacciones se ejecutan concurrentemente, estas condiciones son más complejas, puesto que están activas varias transacciones en el momento en el que se produce el último punto de revisión. En este caso, en lugar de tener una única transacción activa, se dispone de una lista de transacciones que deben revisarse tras el último punto de revisión.

1.4. Distinción de los diferentes tipos de soporte utilizados para la salvaguarda de datos y sus ventajas e inconvenientes en un entorno de *backup*

Todas las copias de seguridad de los datos lógicos deben almacenarse en soportes de almacenamiento físicos. Dependiendo de si se elige almacenar estos datos en un soporte u otro, se dispondrá de una serie de ventajas e inconvenientes en términos relativos a la copia de seguridad. A continuación, se describen algunos de los principales soportes de almacenamiento utilizados:

• **Unidades de cintas magnéticas.** Es el soporte de almacenamiento más utilizado en empresas de tamaño medio y grande debido a que tiene ventajas muy interesantes para realizar copias de seguridad, entre las que destaca una alta durabilidad de los datos y un bajo coste de almacenamiento de la información. Su principal objetivo es el de archivar datos que no se consultarán en un largo periodo de tiempo, pero que deben almacenarse como histórico de la empresa. El hecho de que la tecnología en la que se basan las cintas magnéticas sea muy antigua permite que se haya testeado ampliamente en entornos de copias de almacenamiento. La capacidad de las actuales cintas depende en gran medida de los algoritmos de compresión (archivado) de la información y del tipo de información que se almacena. No obstante, ya existen cintas magnéticas con una capacidad cercana a los 150 TB y una velocidad de transferencia de datos de unos 500MB/s. Las cintas magnéticas se gestionan normalmente con brazos robóticos que permiten la sustitución de las cintas magnéticas cuando se realizan consultas en cintas que están archivadas en un armario diferente.

- **Discos mecánicos.** El precio de los discos mecánicos ha bajado considerablemente en los últimos años, lo que ha permitido que se almacene en ellos información personal/empresarial al margen de la propia del sistema operativo y de las aplicaciones. De hecho, es común que hoy puedan trabajar conjuntamente varios soportes de almacenamiento (RAID, apartado 1.5), lo que permite tener una gran capacidad de datos. El precio de estos soportes varía en función de la interfaz de comunicación utilizada (SATA, SAS, PCI Express...), puesto que es una de las características que define la tasa de transferencia de datos. La tasa de transferencia de estos dispositivos es fundamental en un uso intensivo de los datos. No obstante, estos soportes de almacenamiento, como las copias de seguridad, no son una solución práctica para entornos empresariales, puesto que en relación con otras soluciones no ofrecen más capacidad, mejor precio o durabilidad de almacenamiento de los datos. A pesar de ello, pueden constituir una solución viable para entornos de uso doméstico o pequeñas empresas, debido a que permiten un almacenamiento sencillo y con tasas de transferencia de acceso y de escritura altos, sin necesidad de disponer de una gran infraestructura tecnológica.

- **Dispositivos de estado sólido (SSD)/memoria _flash._** Los dispositivos de estado sólido están sustituyendo poco a poco a los discos mecánicos debido a las múltiples ventajas que estos ofrecen frente a los mecánicos. Se trata de ventajas como una alta tasa de transferencia de lectura/escritura, un bajo consumo energético y no verse afectados por los campos magnéticos. No obstante, hoy en día son una opción poco válida para almacenar grandes cantidades de información, ya que tienen un alto coste económico y que con el paso del tiempo (múltiples escrituras) se degradan, llegando a averiarse completamente. Por lo tanto, son una opción solo válida para almacenar poca información que requiera transferirse rápidamente a los sistemas, pero no como almacén de datos.

- **Copias de seguridad en la nube.** En primer lugar, hay que aclarar el concepto de _la nube,_ puesto que no es un soporte de almacenamiento novedoso, sino que es un servicio proporcionado a través de la red (principalmente Internet), que permite almacenar datos en servidores remotos. Este concepto no es nuevo en el entorno de las copias de seguridad, puesto que es una de las principales características que debe cumplir un plan de copias de seguridad. Este concepto consiste en almacenar los datos en servidores remotos, los cuales se sincronizan cada cierto tiempo con nuestro sistema local. En la sección 1.6 se describen detalladamente los procedimientos para realizar copias de seguridad en remoto.

Es importante, por tanto, aclarar que en los servidores remotos pueden existir soportes de almacenamiento de cualquier tipo, como los descritos anteriormente (discos magnéticos, cintas o dispositivos de estado sólido).

Ante la clásica pregunta de qué soporte de almacenamiento es el más adecuado, la respuesta en informática es **depende**. Es decir, no se debe tomar un único soporte de almacenamiento para realizar las copias de seguridad, sino que se deben utilizar varios según el tipo de datos que utilice. De este modo, es posible que sea interesante disponer de varios DVD con diferentes sistemas operativos, un sistema RAID con discos magnéticos o dispositivos de estado sólido para los datos que requieren restaurarse rápidamente o que no pueden parar el servicio prestado por la empresa. Se pueden utilizar cintas magnéticas para salvaguardar los datos que se requieran archivar y, finalmente, se deben tener copias de seguridad remotas (en la nube) para salvaguardar los datos en caso de que se produzcan catástrofes en la sede local donde están las copias de seguridad.

En la Tabla 1.1. se muestra un resumen de las ventajas e inconvenientes del uso de los soportes de almacenamiento descritos anteriormente.

Tabla 1.1. Comparativa de soportes de almacenamiento para salvaguardar los datos

SOPORTE DE ALMACENAMIENTO	VENTAJA	INCONVENIENTE
Cintas magnéticas	Durabilidad de los datos. Bajo coste en relación MB/salvaguardado.	Poca capacidad en relación MB/cinta magnética. Necesidad de unidades lectoras/grabadoras específicas. El acceso a los datos no es rápido.
Discos magnéticos	Acceso eficiente a la información.	Poca durabilidad. Poca capacidad. Alto coste en relación MB/salvaguardado.
Dispositivos de estado sólido (SSD) /memoria *flash*	Acceso eficiente a la información.	Poca durabilidad. Poca capacidad. Alto coste en relación MB/salvaguardado.

1.5. Concepto de RAID y niveles más comúnmente utilizados en las empresas

Los sistemas RAID (*Redundant Array of Inexpensive Disk* inicialmente y posteriormente *Redundant Array of Independent Disk*) son sistemas de almacenamiento de datos que se componen de varios soportes de almacenamiento, tanto discos magnéticos como discos de estado sólido (*Solid State Drive*, SSD). En pocas palabras, un sistema RAID es un conjunto de discos que cooperan para conseguir un fin común. Los sistemas RAID permiten obtener diferentes características según la configuración del mismo. Los beneficios que se obtienen de utilizar sistemas RAID son los siguientes:

1. **Mayor integridad**.
2. **Mayor tolerancia a fallos**.
3. **Mayor rendimiento**.
4. **Mayor capacidad**.

Los sistemas operativos tratan a los sistemas RAID como una única unidad lógica, aunque el RAID esté compuesto por varios soportes de almacenamiento. Los sistemas RAID se encuentran normalmente en los centros de procesamiento de datos (CPD) de ordenadores especializados, denominados servidores. No obstante, con la caída de precios en la tecnología, hoy en día es posible encontrar sistemas RAID por *hardware* en entornos domésticos empotrados en sistemas NAS (*Network Area Storage*). Además, la mayoría de las placas bases incorporan la característica de RAID por *software*.

Los sistemas RAID pueden configurarse tanto a nivel *software* como a nivel *hardware*. Existen bastantes diferencias entre una configuración u otra, tal como se especifica en la Tabla 1.2.

Tabla 1.2. Comparativa de RAID por *hardware* y RAID por *software*

CARACTERÍSTICA	SOFTWARE	HARDWARE
Coste: los RAID por *software* son parte del sistema operativo y no es necesario invertir en piezas *hardware*.	Bajo	Alto
Complejidad: los RAID por *software* trabajan con particiones y esto puede incrementar la complejidad del sistema cuando existen muchas particiones y muchos discos. Los RAID por *hardware* trabajan con discos, y, por tanto, la complejidad es inferior.	Medio-alto	Bajo
Escritura posterior (*write-back caching*) con una batería de reserva (*Backup Battery Unit, BBU*): los RAID por *software* no pueden añadir una batería extra, mientras que los RAID por *hardware* sí la incluyen. Al incluir una batería de reserva, se puede activar el modo de escritura retardado o posterior, lo cual incrementa el rendimiento con la seguridad de que, si hay una avería en el suministro de energía, esta estará respaldada por la batería de reserva.	No	Sí
CARACTERÍSTICA	SOFTWARE	HARDWARE
Rendimiento: el rendimiento en las configuraciones de RAID 0 y RAID 1, tanto en las versiones por *software* como por *hardware*, es similar. No obstante, las configuraciones por *software* pueden sufrir una merma del rendimiento en los niveles en los que existen discos con paridad dependiendo de la carga de trabajo de la CPU. Esta circunstancia no ocurre en los RAID por *hardware*, debido a que existe *hardware* específico para realizar estas tareas.	Depende	Alto

CARACTERÍSTICA	SOFTWARE	HARDWARE
Sobrecarga en otros servicios: los RAID por *software* deben utilizar los recursos del equipo (CPU/RAM). A medida que se incrementa el número de discos, aumenta el uso de CPU/RAM que deja de estar disponible para otros servicios como puede ser MySQL. En cambio, en los RAID por *hardware* esta sobrecarga en otros servicios no existe.	Depende del uso del RAID	No
Disco en caliente: reemplazar el disco sin detener el sistema. La mayoría de controladores RAID por *hardware* soportan esta característica.	Sí	Sí
Disco de reemplazo (*hot spare support*): disponer de un disco instalado que está a la espera de que alguno falle para automáticamente reemplazar el disco que ha fallado.	Sí	Sí
Código abierto (*open source*): implementación del comportamiento del RAID es código abierto, con lo que un mayor número de usuarios puede resolver sus problemas colaborativamente.	Sí	No
Código cerrado: las implementaciones de RAID por *hardware* suelen ser privativas de compañías.	No	Sí
Reconstrucción rápida: una vez que un disco se ha averiado, es necesario reconstruirlo en algunas configuraciones (RAID 5 y RAID 6). Al incluir una batería de reemplazo (BBU), esta característica se acelera frente a las soluciones que no lo incorporan.	No	Sí

Los niveles RAID, independientemente de si son *software* o *hardware*, proporcionan diferentes beneficios y tienen diferentes costes, tanto en seguridad y rendimiento como capacidad. Por lo tanto, es importante ajustar la elección del nivel según las necesidades particulares de la empresa. A continuación, se describen los principales niveles RAID, dejando para una sección aparte los RAID 5 y RAID 6, por ser aquellos que tienen mayor implantación en las empresas hoy en día.

- **RAID 0 (conjunto dividido o *stripping*)**. Este nivel consiste en dividir los datos equitativamente entre dos o más discos sin información de paridad. Por lo tanto, este RAID no proporciona ningún tipo de seguridad frente a los datos. En caso de avería de un disco, se pierden todos los datos que hay almacenados en los discos. Además, si algún dato se vuelve corrupto a nivel *software*, tampoco se podrá recuperar la información. No obstante, la principal ventaja de este tipo de nivel es su alto rendimiento en las operaciones de lectura y escritura, ya que los datos se pueden recuperar/escribir en paralelo entre los diferentes discos. Es recomendable que los discos utilizados para configurar un RAID de nivel 0 sean exactamente iguales, puesto que el tamaño y las características de todos los discos quedarán limitados al de menor tamaño y menores características. Por ejemplo, si se dispone de dos discos con 1 TB y 2 TB respectivamente, el RAID 0 solamente utilizará 1 TB del disco de 2 TB, dando como resultado una configuración final con una capacidad de 2 TB. En la Figura 1.2 se muestra cómo se distribuyen los datos entre varios discos en una configuración RAID 0.

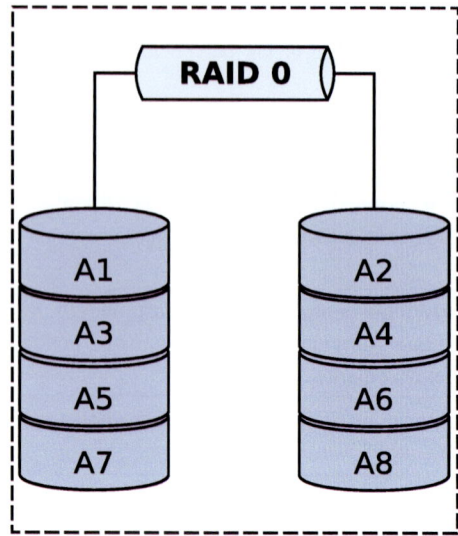

Figura 1.2. Esquema de distribución de datos en un RAID 0.

- **RAID 1 (espejo o *mirroring*)**. Este nivel consiste en replicar los datos en dos o más discos. Este nivel proporciona más seguridad en los datos, puesto que se dispone de una réplica de todos ellos (casi en tiempo real). Este tipo de RAID no se utiliza como mecanismo de copias de seguridad, sino que proporciona un mecanismo para dar tolerancia a fallos 24/7. Es decir, los sistemas seguirán funcionando sin necesidad de detener el servicio, aunque se produzca una avería *hardware*. No obstante, el gran inconveniente de este nivel es que tiene un alto coste económico en relación capacidad/euros. Es decir, la mitad de la capacidad de los soportes de almacenamiento se destina a seguridad, y, por tanto, no pueden utilizarse para almacenar información. Este nivel de configuración proporciona como capacidad máxima el tamaño del disco menor. Otro punto a favor de los RAID 1 es que, al encontrarse los datos en dos o más discos, se incrementa el rendimiento de las operaciones de lectura, puesto que pueden ejecutarse en paralelo y alternativamente entre los diferentes soportes de almacenamiento. En la Figura 1.3 se muestra cómo se distribuyen los datos entre varios discos en una configuración RAID 1.

Otras populares configuraciones RAID son las conocidas como los RAID anidados. A partir de los RAID básicos descritos anteriormente se pueden crear configuraciones que combinan varias de estas soluciones.

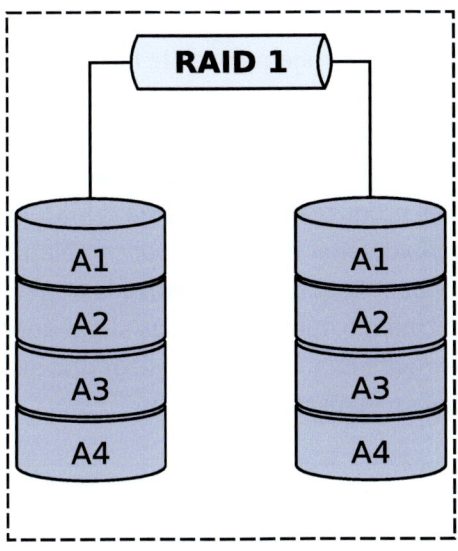

Figura 1.3. Esquema de distribución de datos en un RAID 1.

- **RAID 0+1 (RAID 01)**. Este nivel de configuración RAID se denomina anidado puesto que combina los sistemas RAID 0 y RAID 1. Es decir, trata de alcanzar la eficiencia proporcionada por el RAID 0 y la seguridad del RAID 1. El RAID 0+1, tal como indica su propio nombre, es un espejo de divisiones. En primer lugar se crean dos o más conjuntos de la configuración RAID 0, es decir, dividiendo los datos entre los discos que componen el nivel del RAID 0. El siguiente paso consiste en crear un RAID 1 sobre los diferentes niveles RAID 0 que se han establecido en el paso anterior, es decir, se realiza un espejo de las configuraciones anteriores. En esta configuración se garantiza un servicio 24/7 en los datos almacenados, puesto que si se produce alguna avería en un disco de la configuración del RAID 0, comenzará a trabajar la otra rama del RAID 1. No solamente se consigue seguridad en los datos y poder disponer de un servicio 24/7, sino que se aumenta el rendimiento en el acceso de datos debido a que los discos que se encuentran en la rama de RAID 0 se encuentran trabajando en paralelo. No obstante, este tipo de configuraciones también tiene puntos negativos, entre los que destaca el alto coste económico, ya que añadir un disco adicional en una división implica que se tenga que añadir otro disco a cada división para poder tener una replicación de todos los datos. Por lo tanto, la mitad de los soportes de almacenamiento de la configuración RAID se destinan a tener redundancia de datos, lo que supone un incremento considerable en el gasto destinado a los soportes de almacenamiento en cuanto a la capacidad en GB o TB de la infraestructura. Aunque esta configuración es muy estable, pueden suceder circunstancias en las que haya una pérdida de datos, normalmente por descuido de los administradores de sistemas. Por ejemplo, en la Figura 1.4 se muestra la configuración de RAID 0+1 utilizando cuatro discos. Como se puede apreciar, cada una de las ramas del RAID 0 está compuesta por dos discos, los cuales están replicados utilizando el RAID 1. En caso de que se produzcan dos fallos simultáneos de discos (salvo que se produzcan en la misma rama), el sistema perdería todos los datos y se debería detener el sistema por completo, debido a que cuando se produce un fallo solamente quedará operativa la otra rama de discos. Por lo tanto, si se producen el mismo número de fallos simultáneos (o si el administrador no sustituye el *hardware* cuando debe realizar una sustitución) que de ramas replicadas, los datos se perderán.

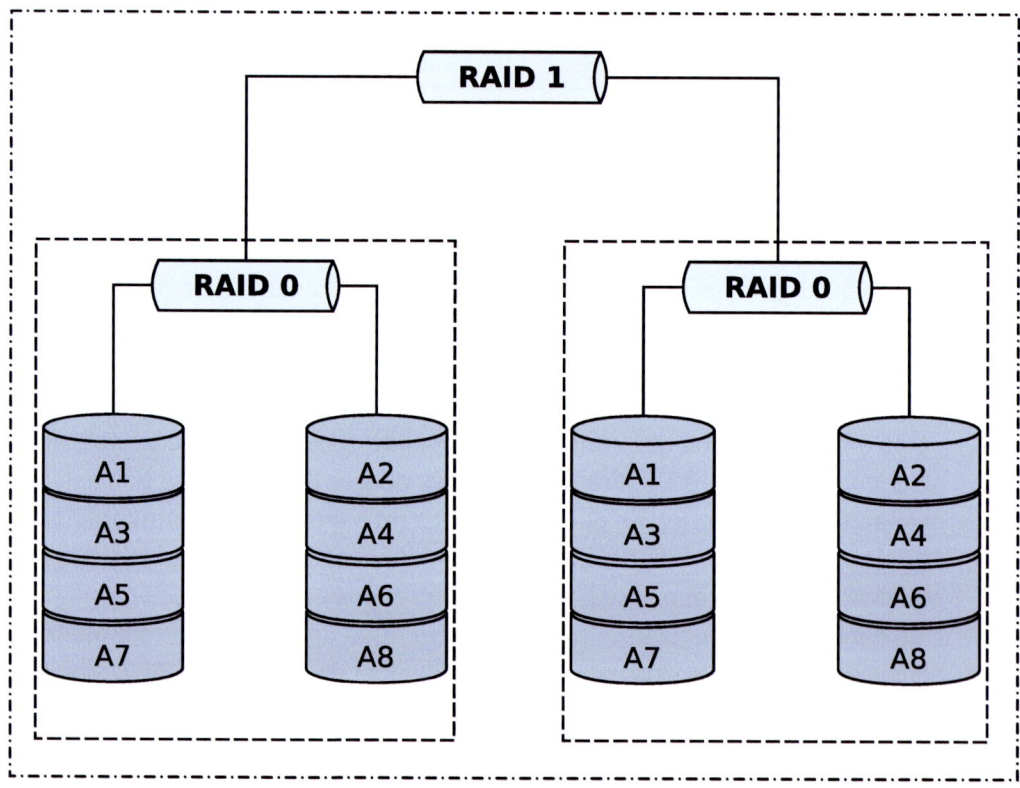

Figura 1.4. Esquema de distribución de datos en un RAID 0+1.

- **RAID 1+0.** También conocido como RAID 10, es otra configuración RAID anidada en la cual se persigue la eficiencia del RAID 0 y la seguridad del RAID 1. Este nivel de RAID es muy parecido al RAID 0+1, pero en este los niveles RAID se encuentran invertidos. En este caso, el sistema es una división de espejos. Una de las principales diferencias de este nivel RAID frente al RAID 0+1 estriba en que es posible que se produzcan averías en todos los discos de cada división RAID 1, salvo en uno, sin que se produzca una pérdida de datos, hecho que lo hace una opción más interesante que la anterior en cuanto a salvaguardar los datos en caliente, es decir, que el sistema no se detenga y pueda brindar un servicio 24/7. En la Figura 1.5 se muestra la configuración de RAID 1+0 para un entorno compuesto por cuatro soportes de almacenamiento.

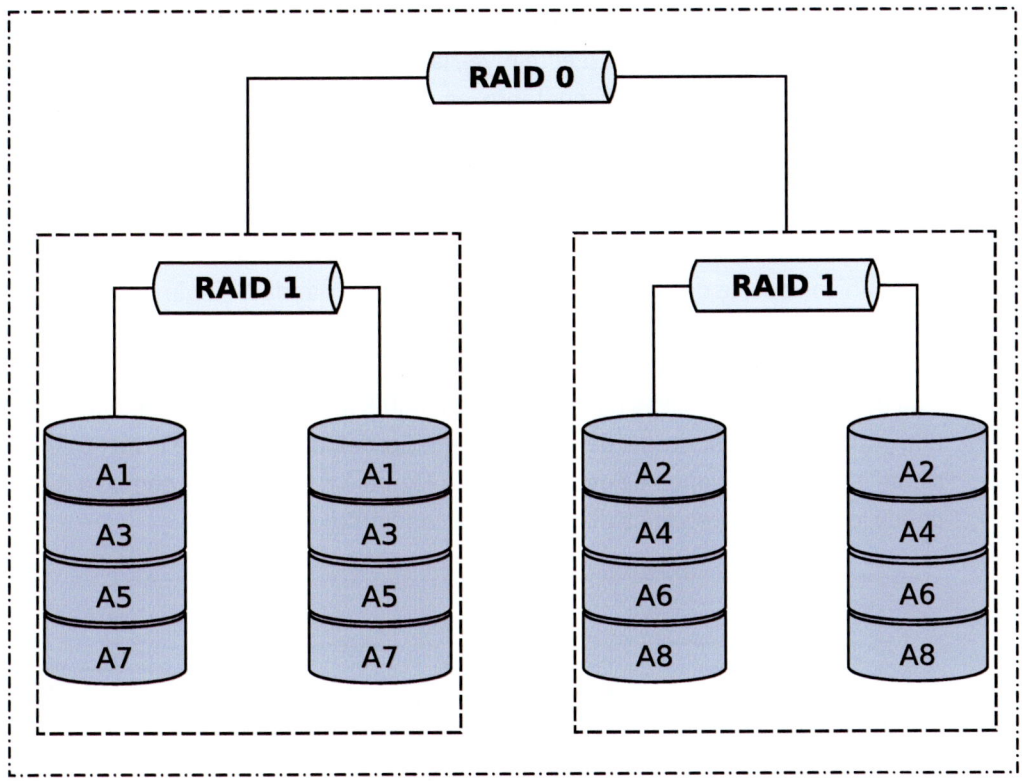

Figura 1.5. Esquema de distribución de datos en un RAID 1+0.

1.5.1. RAID 5, RAID 6

Los niveles RAID 5 y RAID 6 se destacan en una sección diferente a las configuraciones anteriores, puesto que son las más extendidas en el entorno empresarial para salvaguardar los datos. A continuación, se va a proceder a explicar cada uno de estos niveles.

- **RAID 5.** Este tipo de RAID también es conocido con el nombre de *distribuido con paridad*, puesto que esta configuración consiste en la división de datos a nivel de bloques distribuyendo información de paridad entre todos los discos. Esta información de paridad permite recuperar los datos en caso de que se averíe alguno de los discos. Una de las características de este nivel de RAID es que son necesarios al menos tres discos, de los cuales dos se destinarán puramente a datos y uno será utilizado para almacenar la información de paridad (aunque esta información de paridad se encuentra distribuida entre los discos). En esta configuración se trata de encontrar una solución de consenso en la cual se encuentre la eficiencia del nivel 0 y, a la vez, la tolerancia a fallos del nivel 1 sin tener el sobrecoste económico que implique una configuración 1+0 o 0+1. No obstante, en este tipo de configuraciones no se consigue ofrecer un servicio 24/7 como sí se consigue en configuraciones 1+0 y 0+1. Es decir, es necesario detener el sistema para reconstruir los datos tras la avería. En este nivel, la avería de un segundo disco provoca la pérdida total de los datos, y, por tanto, es muy importante realizar su adecuada reconstrucción. Otra característica importante que hay que destacar de este nivel de configuración es que, en teoría, la incorporación de discos es ilimitada, mientras que en la práctica hay una limitación de capacidad debido a que los algoritmos de paridad no pueden reconstruir una ilimitada capacidad de información disponiendo de un único soporte de almacenamiento destinado a paridad. Finalmente, se debe tener en cuenta que si se aumenta la cantidad de discos, se incrementa la probabilidad de que se produzca un fallo en un segundo disco, y, por consiguiente, la pérdida de todos los datos. Las configuraciones RAID 5 son ineficientes cuando tienen una gran carga de escrituras de tamaño pequeño, debido a que este nivel no es eficiente en las operaciones de escritura. En la Figura 1.6 se muestra cómo se distribuyen los datos entre varios discos en una configuración RAID 5.

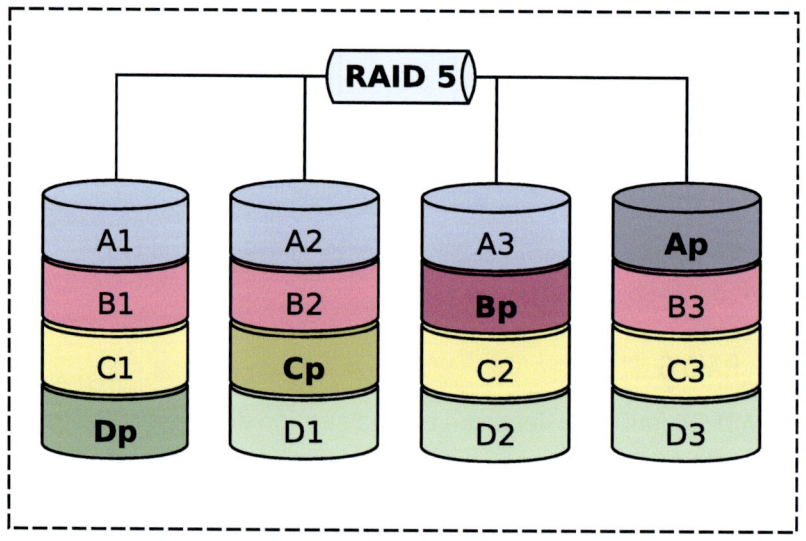

Figura 1.6. Esquema de distribución de datos en un RAID 5.

- **RAID 6.** El nivel RAID 6 extiende al nivel 5, añadiendo otro disco destinado a paridad. Este nivel surge debido a que la capacidad de restauración de datos utilizando un solo bloque de paridad en el nivel 5 no es suficiente para tamaños de discos grandes. La solución que se aplica en este nivel consiste en agregar otro disco destinado a la paridad (aunque esté distribuido). El nivel 6 requiere de al menos cuatro discos para su configuración. Además, en configuraciones en las que se utilizan pocos discos se pierde mucho espacio de almacenamiento con esta configuración, ya que dos soportes de almacenamiento se destinan a la paridad de datos. Por lo tanto, la configuración de RAID 6 puede utilizar hasta al 50 % de la capacidad de los soportes de almacenamiento. A medida que se aumenta el número de discos en la configuración RAID, este efecto de pérdida de capacidad se va minimizando. Por otro lado, este nivel de RAID tiene el mismo comportamiento de tolerancia de fallos que el nivel RAID 5. Es decir, si se averían dos discos, se perderán todos los datos y, a medida que se aumenta el número de discos, se incrementa la probabilidad de que se averíen dos discos. Al igual que en el nivel 5, están penalizadas en rendimiento las operaciones de escritura, debido a que se deben escribir los códigos de paridad (en este caso, incluso más complejos que en el nivel 5). En la Figura 1.7 se muestra cómo se distribuyen los datos entre varios discos en una configuración RAID 6.

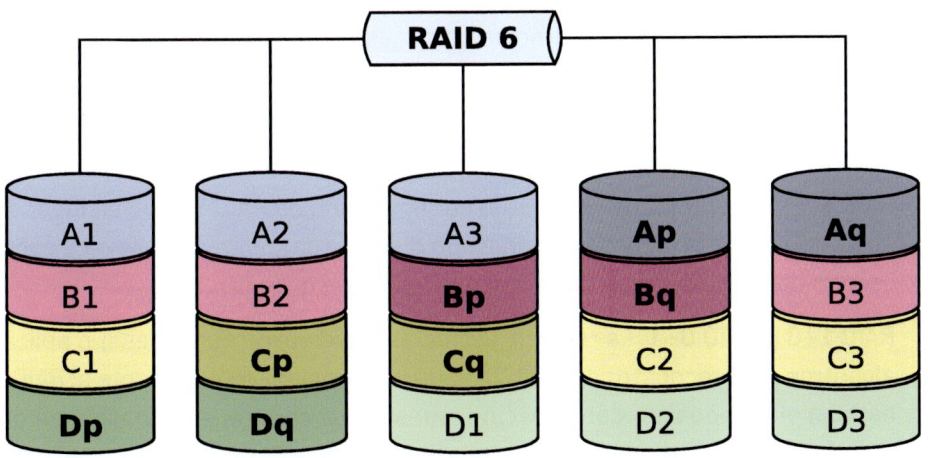

Figura 1.7. Esquema de distribución de datos en un RAID 6.

1.5.2. Clasificación de los niveles RAID por sus tiempos de reconstrucción

El tiempo de reconstrucción es el tiempo que requiere el sistema desde que se produce una avería, tanto física como lógica, hasta que el sistema RAID dispone nuevamente de los datos operativos para ser consultados/modificados por los usuarios/aplicaciones. El tiempo de reconstrucción es muy importante para cualquier empresa, puesto que la continuidad del negocio se ve afectada por él. Debe recordar que en muchas configuraciones RAID es necesario detener el sistema por completo, lo cual implica que no se pueda continuar trabajando con normalidad.

A continuación se describen cada una de las configuraciones anteriormente descritas según el tiempo de reconstrucción de los datos:

- **RAID 0.** Esta configuración no permite la reconstrucción de los datos en caso de avería. Por lo tanto, esta configuración es la peor de las soluciones frente a la seguridad de los datos.

- **RAID 1.** Esta configuración realiza una reconstrucción de los datos sencilla y rápida, debido a que se clonan ambos discos, en ocasiones en tiempo casi real. El mayor inconveniente de este tipo de configuraciones es el alto coste computacional y económico que conlleva tener replicado completamente un soporte de almacenamiento. No es necesario detener el sistema, sino que cabe la posibilidad de utilizar los tiempos ociosos del sistema para realizar la reconstrucción de los datos. En caso de que se decida realizar la reconstrucción de los datos mientras el sistema está trabajando, el tiempo que se empleará en la reconstrucción es mayor que si la controladora RAID tiene todo el potencial de CPU.

- **RAID 5.** La reconstrucción en este nivel de RAID se lleva a cabo únicamente sobre un disco de datos, aunque se realiza en todos, ya que los datos se encuentran distribuidos. En esta configuración es necesario detener el sistema para poder realizar la reconstrucción de los datos. La reconstrucción es lenta debido a que se debe utilizar un algoritmo para recuperar el dato a partir de los datos que no se han vuelto corruptos y el de paridad.

- **RAID 6.** Es exactamente igual que la configuración de RAID 5, pero en lugar de tener que llevarse la reconstrucción en un disco de datos, se debe llevar a cabo utilizando dos discos. Por lo tanto, es más lenta que la de nivel 5.

- **RAID 1+0 y RAID 0+1.** La reconstrucción es rápida al no ser necesario aplicar un algoritmo para reconstruir el dato dañado. La principal ventaja frente al RAID 1 no está en el tiempo de reconstrucción, puesto que es muy similar, sino en que la reconstrucción de datos no pierde rendimiento cuando se realiza con el sistema en funcionamiento, ya que la clonación de los ficheros que se modifican en tiempo real se lleva a cabo en una rama diferente a la de la reconstrucción. Se sincronizarán estos ficheros una vez que se realice completamente la clonación.

1.6. Servidores remotos de salvaguarda de datos

Los servidores remotos de copias de seguridad (salvaguarda de datos) brindan un servicio a usuarios/clientes que les permite acceder/almacenar sus datos en dicha máquina a través de conexiones de red, normalmente utilizando Internet. La propia empresa puede gestionar los servidores en diferentes sedes o estas pueden acudir a otras empresas externas para que les provean de dicho servicio de copias de seguridad.

El *software* encargado de realizar la copia de seguridad al servidor remoto se ejecuta en los equipos clientes con una frecuencia determinada, pudiendo ser desde semanalmente hasta cada vez que se produzca un cambio en alguno de los ficheros que se desea salvaguardar. Es lógico que el coste computacional y de ancho de banda sea proporcional a lo intensivo que sea la política de salvaguardar los datos.

El *software* encargado de realizar la copia de seguridad remota debe realizar algunas tareas complementarias a la de transferencia de datos, como empaquetar, comprimir y cifrar los datos.

Aunque parezca que este tipo de servicios son de última generación, ya aparecieron en la década de 1990, estaban enfocados a medianas y grandes empresas, puesto que su coste era elevado para llegar a los usuarios de ámbito doméstico. Hoy en día las empresas que se encargan de brindar este servicio basan su modelo de negocio en el *software* como servicio (SaaS, *Software as a Service*), es decir, no cobran por el *software* desarrollado, sino por el servicio que brindan a los usuarios.

Las principales características que deben ofrecer los servidores de copias de seguridad remotas son las siguientes:

- **Multiplataforma en el cliente.** Se debe proporcionar el *software* cliente para diferentes sistemas operativos (Microsoft Windows, Unix/Linux, OS X). No obstante, en ciertos entornos de trabajo, en los que se sabe *a priori* que todos los usuarios clientes utilizarán un determinado sistema operativo, puede limitarse esta característica.

- **Múltiples puntos de copias.** Al disponer de varios equipos clientes se debe proporcionar el servicio de poder realizar copias de seguridad desde los diferentes equipos, sincronizando los datos entre estos puntos de origen. Un claro ejemplo es cuando se dispone de varias oficinas de trabajo descentralizadas y se quieren realizar copias de seguridad y distribuir la información entre todas las oficinas.

- **Empaquetado y compresión de datos.** Se debe empaquetar el conjunto de ficheros que se quieren salvaguardar para minimizar el número de conexiones al servidor remoto. Además, la compresión de datos permite minimizar el ancho de banda utilizado en las transferencias de datos. Según la cantidad de datos que se quiera salvaguardar, este punto puede ser crítico en las operaciones de salvaguardar los datos.

- **Cifrado de datos.** Para aumentar la seguridad en los datos que se salvaguardan, se deben cifrar antes de que estos sean transmitidos a través de la red. Además, deben permanecer cifrados en el servidor remoto, de manera que si hay un fallo de seguridad y un agente externo accede a los datos del servidor, se disponga de una capa extra de seguridad.

- **Acceso a los ficheros.** Se proporciona un mecanismo para poder acceder a los ficheros salvaguardados; por ejemplo, utilizando un servicio web o de una aplicación de escritorio desarrollada para tal fin.

- **Copias de seguridad continuas/planificadas.** Lo normal es que las copias de seguridad se realicen en unos determinados momentos, y estén planificadas previamente. Por ejemplo, todos los días a las 00:00 o varias veces al día. Por otro lado, también es posible que se establezcan copias de seguridad cada vez que se realiza una modificación en un fichero. Es decir, se establece un conjunto de ficheros que el *software* estará constantemente chequeando si ha sido modificado para realizar una copia de seguridad remota. Las copias de seguridad continuas tienen un alto coste computacional tanto en las máquinas clientes (tener que estar constantemente chequeando y realizando la transferencia de datos) como en las máquinas servidoras que están constantemente escuchando y recibiendo datos desde los clientes.

- **Configuración del ancho de banda de los clientes.** En algunas ocasiones es necesario limitar el ancho de banda utilizado por las herramientas *software* para sincronizar los datos que se desea salvaguardar. Esta configuración es muy relevante cuando el sistema está configurado con copias de seguridad continuas, puesto que el ancho de banda utilizado por los clientes para realizar las copias de seguridad puede afectar negativamente al uso del equipo cliente por los usuarios.

- **Versionado de los ficheros.** Los sistemas de copias de seguridad almacenan diferentes versiones del mismo fichero, ya que en ocasiones las últimas modificaciones realizadas en los ficheros pueden ser erróneas y, por tanto, se debe recurrir a un fichero anterior. Esta característica también incluye poder recuperar ficheros que fueron borrados en el pasado; se puede considerar que se dispone de todos los ficheros y versiones que han existido a lo largo del tiempo de los ficheros que se han seleccionado para ser salvaguardados.

Las principales ventajas e inconvenientes de realizar copias de seguridad remotas son las siguientes:

- **Ventajas**

  - **Automatización del proceso.** Las copias de seguridad remota no requieren de intervención por parte de los humanos, ya que los sistemas se ponen en comunicación a través del *software*. Por otro lado, si se realizan copias de seguridad en dispositivos externos, es el usuario el encargado de realizar los pasos necesarios para llevar a cabo la copia de seguridad.

— **Copias de seguridad en múltiples ubicaciones.** Esta característica es primordial en las políticas de copias de seguridad, ya que se está evitando el problema de pérdida de datos en caso de que se produzcan catástrofes en una de las sedes (incendios, inundaciones, robos, etcétera).

— **Datos sincronizados en múltiples ubicaciones.** Disponer de copias de seguridad remotas continuas permite tener los datos sincronizados en diferentes ubicaciones en tiempo real o casi tiempo real.

— **Disponer de una copia de seguridad del histórico de los ficheros.** Al encontrarse centralizada la información, es posible establecer un histórico de las versiones de los ficheros. De este modo, se dispondrá de todos los cambios que sufre un fichero a lo largo del tiempo.

— **Los sistemas de copias remotas permiten tener doble seguridad**, puesto que los datos se encuentran en servidores locales (máquinas clientes) y en máquinas remotas (el servidor).

• **Inconvenientes**

— Las copias de seguridad remotas pueden ser **muy lentas** según el ancho de banda del que se disponga, tanto de los clientes como del servidor. No obstante, más lento será el proceso de restauración, ya que se deberá enviar a los clientes un gran volumen de datos.

— Los datos **deben ser cifrados**, puesto que las comunicaciones entre los clientes y el servidor normalmente se llevan a cabo utilizando un protocolo poco seguro, como es TCP/IP. Por lo tanto, se añade una capa de seguridad, lo que conlleva un consumo en tiempo y CPU por parte del servidor y del cliente.

— **La clave de cifrado es un único punto de fallo.** Es decir, en caso de que la clave de cifrado se pierda por alguna razón, los datos son irrecuperables, perdiendo toda la información. Del mismo modo, proporcionar la clave de cifrado a demasiados usuarios puede provocar que pierda sentido dicha clave, puesto que es más fácil que el factor humano haga que dicha clave llegue a poder de personas peligrosas para la integridad del sistema.

— **Dependencia de una empresa tercera.** En caso de externalizar las copias de seguridad remotas en una empresa tercera, se corre el riesgo de que dicha empresa desaparezca, y con ella todos nuestros datos, o que sufra un robo por parte de personas malintencionadas que comprometan los datos de nuestra empresa. En caso de no externalizar el servicio, se debe disponer de toda la infraestructura tecnológica necesaria para llevar a cabo el procedimiento de realizar la transferencia y almacenamiento de datos en los servidores remotos.

1.7. Diseño y justificación de un plan de salvaguarda y un protocolo de recuperación de datos para un supuesto de entorno empresarial

Disponer de un plan de salvaguarda de datos es un instrumento imprescindible hoy en día para cualquier empresa, ya que la falta de este plan puede comprometer la continuidad de la actividad empresarial en caso de que se produzca una pérdida de datos. Imagine una entidad bancaria en la cual se tengan que detener los servicios durante horas o días, esto puede suponer una pérdida económica de una gran envergadura. Por lo tanto, se debe diseñar un plan de salvaguarda de datos y un protocolo de recuperación en caso de que se produzca tal pérdida.

En el diseño de un plan de salvaguarda de datos se deben llevar a cabo una serie de pasos que permiten tener controlada en mayor o menor medida, según la casuística, la situación antes de que se produzca una pérdida de datos, permitiendo minimizar el impacto de la pérdida. A continuación, se enumeran los cuatro pasos que se deben llevar a cabo en un plan de salvaguarda:

1. **¿Qué datos copiar?**

    a. Recopilación de la información.

    b. Realización del inventario de datos.

    c. Toma de decisión de datos que se van a salvaguardar.

2. **Frecuencia de las copias de seguridad.**

    a. Elección del tipo de copias de seguridad.

    b. Frecuencia de las copias de seguridad.

3. **Protección de las copias de seguridad.**

    a. Duplicación de copias.

    b. Almacenamiento.

    c. Seguimiento.

    d. Cifrado.

4. **Pruebas de los datos.**

    a. Realización de pruebas de operatividad e integridad de datos.

Una vez que se dispone de una visión de los cuatro elementos principales que componen un plan de salvaguarda de datos, se van a desarrollar en mayor medida cada uno de estos puntos.

1.7.1. ¿Qué datos copiar?

El primer punto de un plan de salvaguarda es definir todos los datos que deben respaldarse y qué nivel de importancia tienen para la empresa. Se considera un principio básico realizar copias de seguridad de todos los datos que son necesarios para realizar una recuperación total del sistema.

Para conocer a fondo qué datos se deben copiar, se realiza una **recopilación de información**, que puede consistir en entrevistas con usuarios, inventariando el *software* utilizado u observando el uso que se realiza en la empresa de los sistemas y datos. Un punto fundamental para establecer una política de salvaguarda es conocer dónde se almacenan los datos relevantes, puesto que pueden surgir dos circunstancias claramente diferenciadas:

- Los usuarios no pueden almacenar ningún dato en los equipos locales con los que trabajan, puesto que la información es almacenada en un servidor local/remoto. Por lo tanto, estos equipos no deben considerarse para salvaguardar datos, en todo caso solamente se tendrá en cuenta el sistema operativo y herramientas *software* utilizadas por los usuarios.

- Los usuarios pueden almacenar información en los equipos locales, y, por tanto, deben tenerse en cuenta cuando se realice la copia de seguridad.

El siguiente paso consiste en realizar un **inventario** de los recursos *hardware* disponibles, así como de los elementos *software* que deben salvaguardarse. Al realizar este inventario se propicia una reflexión que permite **tomar una decisión final** de qué datos, desde dónde, hacia dónde y con qué frecuencia se realizarán las copias de seguridad. Es muy importante tener en el inventario, como mínimo, los siguientes elementos:

- Los soportes de almacenamiento y particiones de origen.
- El *hardware* implicado en el proceso de salvaguarda.
- La configuración de los servicios de red e Internet (DNS, DHCP, servidores web...).
- La configuración de las herramientas *software* utilizadas (SGBD, sistemas operativos, etcétera).

1.7.2. Frecuencia de copias de seguridad

La frecuencia con la que se realizan las copias de seguridad se clasifica en diferentes niveles. Aunque no existe un consenso pleno entre los autores, la siguiente clasificación es la más extendida en el ámbito profesional:

- **Nivel 0/total.** Se realiza una copia completa del sistema.

- **Nivel 1.** Se realizan copias incrementales, las cuales consisten en realizar copias de los datos que han cambiado desde la última copia total/nivel 0.

- **Nivel 2-9.** Se realizan copias de todos los datos que han cambiado desde la copia del nivel menor más cercano. En este caso es posible establecer una programación de copias con la siguiente secuencia 0, 5, 4, 3. En la cual, la copia de nivel 4 realizará la copia de los datos que hayan sido modificados desde la copia de nivel 0. Lo mismo sucederá con la copia de nivel 3, puesto que su nivel más cercano inferior es el nivel 0.

Según el entorno en el que se esté trabajando, es posible que sea recomendable realizar copias de seguridad diarias, semanales o incluso a cada hora. Esto debe ser valorado por el administrador. Los niveles de profundidad permiten disponer de una multitud de combinaciones posibles de programación de copias. A continuación, se muestran algunos ejemplos de configuración.

PROGRAMACIÓN SEMANAL DE COPIAS TOTALES

Se establece una copia completa cada día de la semana en volúmenes diferentes. De este modo se consigue disponer de una seguridad total de los datos, pero supone un alto coste a causa de que se deben realizar copias completas del sistema a diario. En algunos casos, según la envergadura de los datos que haya que salvaguardar, esta solución no es viable.

PROGRAMACIÓN SEMANAL DE COPIA TOTAL Y COPIAS DIFERENCIALES DE NIVEL 1

Al comienzo de cada semana se realiza una copia total de nivel 0, el resto de los días de la semana se realiza una copia de seguridad diferenciales de nivel 1. Con esta planificación solamente se requiere de dos volúmenes para realizar la restauración de datos. El inicial de cada semana, que contiene la copia total, y la copia diferencial del día previo a la pérdida de datos. Además, esta planificación de copias de seguridad dispone de copias múltiples de los archivos que han cambiado a lo largo de la semana. De este modo, se pueden recuperar parcialmente en caso de que sea necesario recuperar solamente algunos datos.

PROGRAMACIÓN SEMANAL DE COPIA TOTAL Y COPIAS INCREMENTALES

Al comienzo de la semana se realiza una copia total, el resto de los días de la semana se realiza una copia de seguridad incremental. Estas copias incrementales permiten tener copias de seguridad de todos los datos modificados o agregados al sistema desde la última copia incremental (el día anterior). La principal ventaja de esta planificación es que el proceso de realizar copias incrementales a diario es un proceso rápido (en comparación con otras planificaciones), pero su principal inconveniente es que si se produce una corrupción de datos en alguna de las secuencias de copias de seguridad, esta se propagará en todas las copias hasta que se detecte el problema.

1.7.3. Protección de las copias de seguridad

El siguiente paso en la política de copias de seguridad consiste en definir la protección que se aplicará a las copias de seguridad. Este punto es muy importante, puesto que se puede disponer de una correcta identificación de los datos que se van a salvaguardar y una frecuencia adecuada, pero que por no haber realizado una adecuada protección de estas copias de seguridad todo el trabajo realizado se pierda. La protección de las copias de seguridad es un proceso que se puede dividir en las siguientes etapas: duplicación de copias de seguridad, almacenamiento, seguimiento y cifrado.

La **duplicación de copias** consiste en disponer de varias copias de seguridad de los mismos datos para los casos en los que las copias de seguridad sean inaccesibles debido a que la copia de seguridad esté corrupta o se haya perdido por alguna causa ajena. Por lo tanto, es fundamental que en toda política de salvaguarda de datos siempre haya duplicación de las copias de seguridad. A continuación se describen las dos técnicas más extendidas para realizar la duplicación de copias de seguridad.

- **Duplicación poscopia.** Se realiza la duplicación de las copias de seguridad justo cuando se han realizado las copias de seguridad. La duplicación poscopia puede llevarse a cabo utilizando soportes de almacenamiento diferentes (cintas, discos rígidos o de estado sólido, memorias *flash,* etc.) o el mismo soporte de almacenamiento (para que no haya ninguna diferencia).

- **Duplicación en línea.** Se realiza la duplicación de las copias de seguridad en el mismo tiempo que se está realizando la copia de seguridad. Es el servidor de copias de seguridad el encargado de realizar la copia de seguridad y el duplicado.

Las copias de seguridad y sus duplicados deben **almacenarse** en ubicaciones seguras y fiables. La técnica más segura consiste en almacenar una copia en la misma ubicación de la compañía (*onsite*) y el duplicado en una ubicación distinta (*offsite*). De este modo, en caso de que se pierdan los datos de nuestra empresa y una de las copias de seguridad debido a una catástrofe o avería general en una situación geográfica se dispone de una copia en otro lugar del mundo. A continuación, se detallan en mayor profundidad las dos técnicas de almacenamiento de las copias de seguridad:

- **Almacenamiento *onsite*.** Las copias son almacenadas en la misma ubicación donde se generan los datos que se quieren salvaguardar. En esta técnica también es obligatorio desarrollar duplicados de las copias de seguridad, puesto que, aunque no se está evitando la pérdida de datos frente a catástrofes físicas, el duplicado previene de errores lógicos en las copias de seguridad. La principal ventaja que ofrece este tipo de almacenamiento es la disminución de costes asociados en infraestructura y la inmediatez de disponer del duplicado en caso de que sea necesario. Por otro lado, este tipo de almacenamiento es inseguro, ya que es posible que se pierdan los datos y todas las copias de seguridad en caso de que se produzca una catástrofe en el lugar de almacenamiento.

- **Almacenamiento *offsite*.** Las copias se almacenan en diferentes ubicaciones de donde se generan los datos que se quieren salvaguardar. En esta técnica se evita la pérdida de los duplicados de las copias de seguridad en caso de una catástrofe localizada geográficamente en un punto. La toma de decisión de almacenar los duplicados de las copias de seguridad en servidores propios o utilizando empresas de terceras debe analizarse en función de las características que deben proporcionar los servidores remotos. En la sección 1.6 se describen las características principales que deben cumplir los servidores remotos.

En el momento que se van generando diferentes copias de seguridad y duplicados es necesario disponer de un procedimiento de **seguimiento** que permita identificar las copias y los duplicados. Por lo tanto, se debe disponer de una pequeña base de datos (etiquetado) de las copias y duplicados realizados. La información mínima que se debe utilizar para cada una de las copias es la siguiente:

- **Número/identificador.** Este número o identificador debe ser único para que permita diferenciar una copia de otra.

- **Nombre.** Un nombre asociado a la copia de seguridad.

- **Tipo de datos almacenados.** La copia de seguridad se realiza a datos de usuarios, de contabilidad o a sistemas operativos.

- **Fecha de inicio de la copia**. Es la fecha desde la que comienza a tener validez la copia de seguridad.

- **Fecha de fin de la copia.** Es la fecha del último día en el que la copia de seguridad tiene datos salvaguardados.

- **Ubicación.** Dónde se encuentra la copia de seguridad.

Para añadir un nivel superior de seguridad a las copias de seguridad, se recomienda que los datos se cifren en dichas copias. La operación de cifrar los datos permite que la información no pueda leerse de manera normal si no se conoce una contraseña. De este modo, si un agente externo no autorizado accede a las copias de seguridad, deberá conocer el algoritmo de encriptación y la clave para poder leer los datos.

Existen dos tipos de sistemas de cifrado desde los cuales se implementan algoritmos en concreto:

- **Cifrado simétrico/clave privada.** En estos sistemas de cifrado se utiliza la misma clave tanto para el cifrado como para el descifrado. El mayor inconveniente que existe en comunicaciones (entre pares diferentes) es que es necesario que ambas partes conozcan la clave.

- **Cifrado asimétrico/clave pública.** En estos sistemas de cifrado se utilizan dos claves: clave privada y clave pública. Una de las claves se utiliza para cifrar los datos y la otra para descifrar. En algunos métodos las claves son intercambiables, pero en otros no es posible. Es muy importante que utilizando la clave pública no haya manera posible de conseguir la clave privada. Este tipo de cifrado permite que en las comunicaciones entre pares no sea necesario que ambas partes conozcan la clave privada. De este modo, la clave pública se utilizará para cifrar los datos y la clave privada para descifrar la información. Por lo tanto, los usuarios no autorizados (sin clave privada) no podrán descifrar la información que ha sido cifrada.

1.7.4. Pruebas de los datos

El último paso en una metodología de copias de seguridad consiste en comprobar que las copias de seguridad se encuentran en un estado satisfactorio. Las pruebas de las copias de seguridad no consisten únicamente en comprobar que se pueden leer satisfactoriamente los datos, sino que se debe verificar la correcta recuperación de ficheros, *software* o sistemas operativos. En el momento de confeccionar las pruebas sobre los datos, estas deben satisfacer las siguientes características:

- **Pruebas aleatorias.** Las pruebas deben ser inesperadas, con diferentes circunstancias para poder validar que los datos se encuentran en buen estado en entornos no controlados.

- **Las pruebas no deben afectar a los datos**. En ningún momento las pruebas que se lleven a cabo deben modificar o alterar el estado de los datos almacenados.

A continuación se describe una serie de pasos que se deben tener en cuenta a la hora de confeccionar un plan de pruebas sobre los datos salvaguardados.

- **Pruebas de todos los datos.** Se deben realizar pruebas de todos los datos que han sido salvaguardados. Es decir, se debería alcanzar un valor de cobertura del 100 % (todos los datos han sido probados).

- **Pruebas realistas.** Las pruebas deben reproducir entornos y condiciones que pueden ocurrir. No preparar pruebas en las que haya condiciones irreales o entornos poco probables.

- **No dañar los datos.** Las pruebas en las que se destruyen datos deben estar controladas, puesto que no se deben dañar los datos de las copias de seguridad.

- **Simular copias de seguridad dañadas.** Es muy importante simular entornos en los cuales las copias de seguridad y alguna copia duplicada se encuentren dañadas.

1.8. Tipos de salvaguardas de datos

A lo largo del capítulo se han desarrollado técnicas y procedimientos para realizar las copias de seguridad. No obstante, existen diferentes tipos de copias de seguridad según el algoritmo utilizado para salvaguardar los datos. En la actualidad existen multitud de tipos de copias de seguridad, pero solo tres tipos se han extendido en el entorno empresarial en los últimos años:

- **Copia completa/total.**
- **Copia diferencial.**
- **Copia incremental.**

Cada una de estas técnicas tiene sus ventajas e inconvenientes, que deben analizarse teniendo en cuenta factores como: la capacidad de los soportes de almacenamiento o el tiempo de realizar la copia de seguridad/la restauración de la copia.

1.8.1. Completa

Este es el tipo de copia de seguridad más elemental y consiste en realizar una copia completa de todos los ficheros que se quieren salvaguardar. En este tipo de copias no se tiene en cuenta si se han realizado modificaciones en los ficheros, puesto que se van a copiar todos sin excepción. Por lo tanto, este tipo de copias de seguridad tiene dos grandes inconvenientes:

1. Requiere de una **gran capacidad para almacenar copias** de seguridad, ya que se realizarán copias de todos los ficheros.

2. Requiere de una **gran cantidad de tiempo y recursos,** puesto que se realiza la copia de todos los ficheros, el cifrado y la transferencia de un gran volumen de datos.

Este tipo de copias puede ser muy poco eficiente si se realizan muy a menudo y apenas ha habido cambios en los datos, ya que se invertirá una gran cantidad de recursos para salvaguardar muy pocos cambios. En la Figura 1.8 se muestra cómo se salvaguardan los datos utilizando copias de seguridad completas.

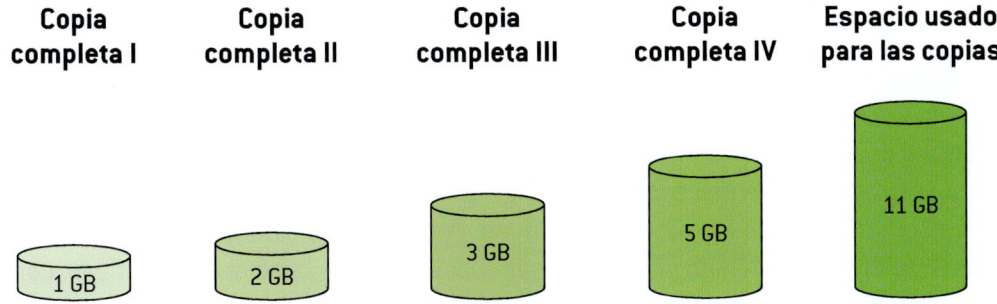

Figura 1.8. Copias de seguridad completas.

1.8.2. Diferencial

En las copias de seguridad diferenciales se realizan copias de los ficheros que han variado desde la última copia de seguridad. De este modo, se puede navegar a través de los ficheros que han sufrido modificaciones por fecha y hora de última modificación. En primer lugar, se lleva a cabo una copia total del sistema y, a partir de ahí, se realizan copias diferenciales. Cada una de las copias diferenciales tendrá todos los cambios que se han producido desde la última copia total. La principal ventaja que ofrece este tipo de copias es que se consumen menos recursos *hardware* y temporales en el proceso de crear una copia de seguridad que los destinados a las copias completas/totales. En este tipo de copias de seguridad se utiliza la última copia completa y la última copia diferencial para realizar la restauración de datos. Por otro lado, el inconveniente es que el espacio de almacenamiento necesario para este tipo de copias de seguridad es elevado, puesto que cada copia tendrá los nuevos cambios y todos los cambios de la última copia diferencial.

En la Figura 1.9 se muestra cómo se salvaguardan los datos utilizando copias de seguridad diferenciales.

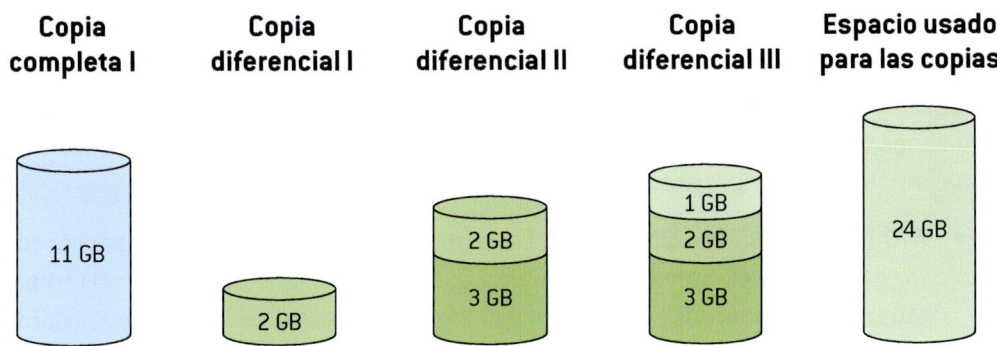

Figura 1.9. Copias de seguridad diferenciales.

1.8.3. Incremental

Las copias de seguridad incrementales son muy parecidas a las copias diferenciales, pero en estas copias solamente se almacenan los datos que fueron modificados desde la última copia total o incremental. De este modo, no hay información redundante entre las copias incrementales, con el consiguiente ahorro en recursos *hardware* y tiempo de construcción de la copia de seguridad. Pero el hecho de ahorrar estos recursos *hardware* en la creación de la copia de seguridad tiene implicaciones negativas, como son necesitar mayor tiempo para realizar la restauración de los datos y la necesidad de todas las copias incrementales y la copia total para realizar la restauración. En caso de que alguna de las copias incrementales se vuelva corrupta se deberá recurrir a un duplicado de dicha copia para poder restaurar los datos.

En la Figura 1.10 se muestra cómo se salvaguardan los datos utilizando copias de seguridad incrementales.

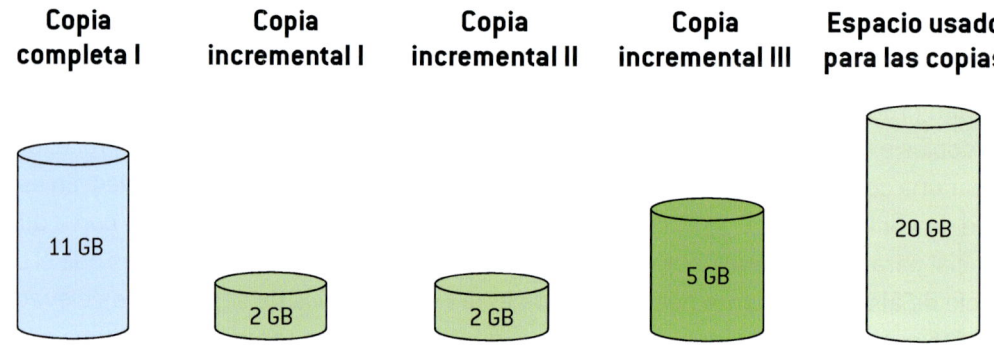

Figura 1.10. Copias de seguridad incrementales.

1.9. Definición del concepto de RTO (*Recovery Time Objective*) y RPO (*Recovery Point Objective*)

Los conceptos de RPO (*Recovery Point Objective*) y RTO (*Recovery Time Objective*) son conceptos ampliamente utilizados por los administradores de sistemas para planificar soluciones alrededor de la integridad y recuperación de los servicios de almacenamiento. A continuación se describen ambos conceptos:

- **RTO (*Recovery Time Objective*).** Es el tiempo máximo que la organización tolera estar sin funcionamiento de alguna de sus aplicaciones o servicios (tanto internos como externos) sin que se vea afectada la continuidad del negocio. Este tiempo varía según la empresa y el servicio o aplicación que se vea afectado, puesto que no tiene el mismo nivel de gravedad el servicio de impresión para una empresa que no haga apenas uso de la impresión frente a una empresa que haga un uso intensivo de este servicio. Por lo tanto, el mismo servicio tendrá un RTO diferente según las necesidades particulares de cada empresa.

- **RPO (*Recovery Point Objective*).** Es el volumen de datos que se encuentra en riesgo de pérdida y que la organización considera tolerable en caso de que se produzca su pérdida. De nuevo, este volumen depende en gran medida del modelo de negocio de la organización. El factor principal que define el volumen de datos que se encuentra en riesgo viene establecido por la política de copias de seguridad. Lo normal es que siempre haya un volumen de datos que se encuentre en este estado de peligro, puesto que a menos que se estén realizando copias de seguridad en tiempo real, algún dato se encontrará en riesgo. Un claro ejemplo en el que el RPO debe ser 0 son las transacciones bancarias. Sin embargo, es posible que algunas tareas llevadas a cabo en la base de datos bancaria no cumplan con este nivel de seguridad.

A continuación, se van a plantear algunos ejemplos que ilustran este concepto:

- **Caso 1.** Copia de seguridad diaria a las 08:00 *p. m.*

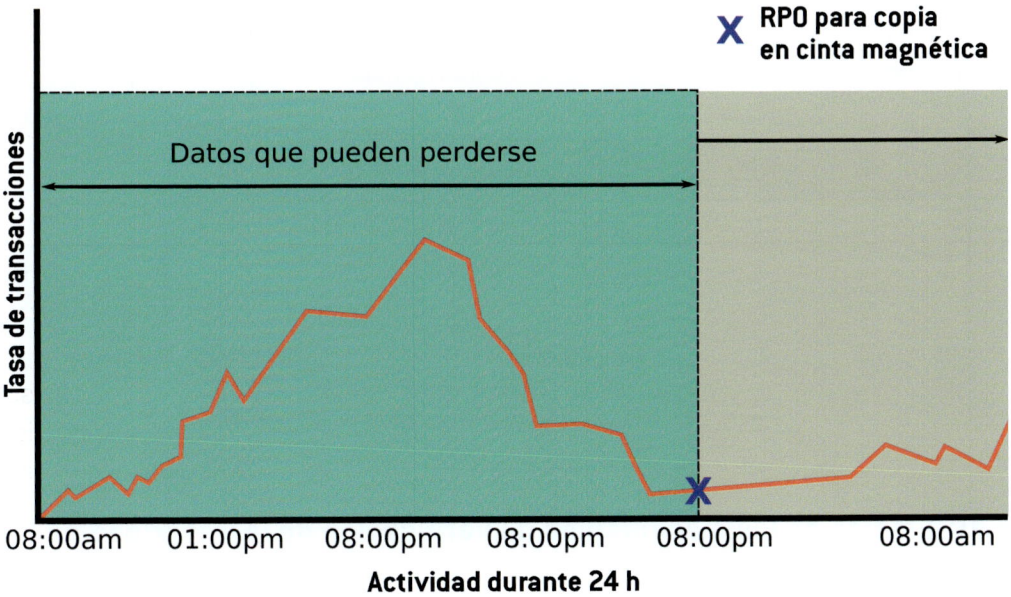

Figura 1.11. RPO de copia de seguridad diaria.

- **Caso 2.** Varias copias de seguridad durante un día.

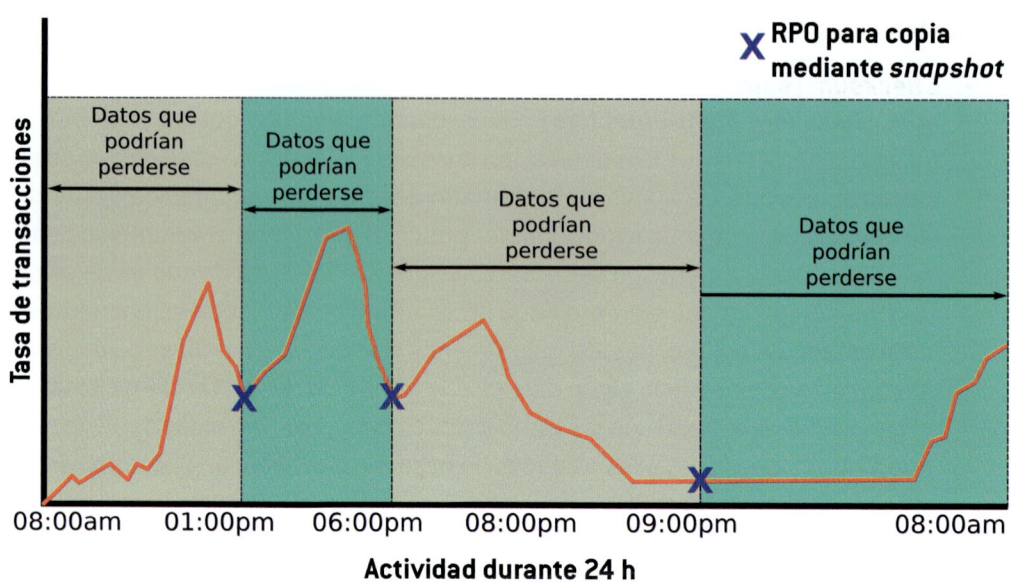

Figura 1.12. RPO de copia de seguridad de varias veces al día.

En la Figura 1.13 se muestra la diferencia que existe en el espacio temporal entre los conceptos RPO y RTO desde la última copia de seguridad hasta que se produce la recuperación de los datos restaurados tras una contingencia.

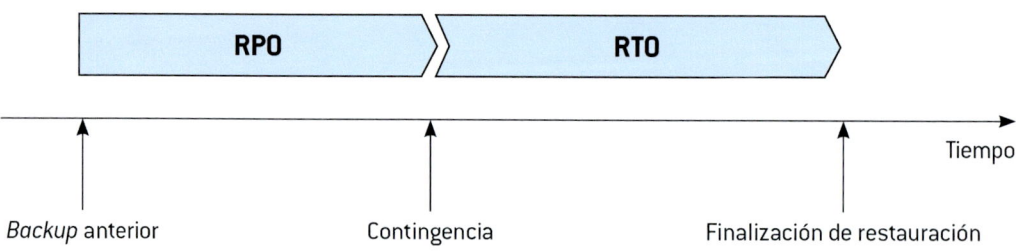

Figura 1.13. Diferencia entre los conceptos de RPO y RTO.

1.10. Empleo de los mecanismos de verificación de la integridad de las copias de seguridad

La integridad de la información es la propiedad que garantiza que la información no ha sufrido modificaciones no autorizadas. Es decir, la integridad permite garantizar que la información sea exactamente igual que como fue generada. Esta propiedad en el contexto de las copias de seguridad permite garantizar que las copias de seguridad contienen la información con la que fueron creadas. Algunos de los algoritmos que permiten verificar la integridad de las copias de seguridad, y datos en general, son los siguientes:

- **Checksum (suma de verificación)**. Es una función *hash* que permite detectar cambios en una secuencia de datos realizando una comprobación inicial y otra final. Realiza una verificación bit a bit del contenido del dato recibido/restaurado con el original.

- **Message-Digest 5 (MD5)**. Es un algoritmo criptográfico de 128 bits que se utiliza para la comprobación de la integridad de los datos. Este algoritmo es ampliamente utilizado en Internet para comprobar que la descarga del fichero de los servidores remotos se ha realizado de modo satisfactorio, puesto que en la transferencia de datos puede ocurrir que algunos bits difieran. Es decir, además de comprobar si un archivo ha sido alterado por agentes externos, permite comprobar si la transferencia de datos es corrupta o incompleta.

- **Secure Hash Algorithm (SHA)**. Es un algoritmo criptográfico de 160 bits que se utiliza para la comprobación de la integridad y el cifrado de los datos. El algoritmo MD5 es más débil para cifrar información comprometida, de ahí el uso del algoritmo SHA, ya que permite cifrar información sensible, como puede ser la firma digital de documentos.

- **Cyclic Redundancy Check 32 (CRC32)**. Es un algoritmo utilizado para detectar errores y es ampliamente utilizado para comprobar y detectar cambios accidentales en los datos, lo que provoca la alteración de estos. Este algoritmo no se debe utilizar para verificar la integridad de los datos, puesto que si se realizan cambios en los datos pero son correctos el sistema no detectará que hay un error. Por lo tanto, este algoritmo **no es útil** para garantizar la integridad de los datos.

ACTIVIDADES

11.1. ¿Qué es una transacción en una base de datos?

11.2. Define las propiedades ACID. ¿Por qué son importantes?

11.3. ¿Cuáles son los estados por los que puede pasar una transacción? Dibuja el diagrama de estados de las transiciones.

11.4. Enumera y describe la clasificación más ampliamente aceptada por los expertos en relación a los fallos que se pueden producir alrededor de una base de datos.

11.5. ¿Qué es el registro histórico? ¿Qué atributos tienen los registros?

11.6. ¿Qué es la paginación en la sombra?

11.7. ¿Cuáles son las técnicas utilizadas para transacciones concurrentes?

11.8. ¿Cuáles son las ventajas e inconvenientes de los soportes de almacenamiento para salvaguardar los datos?

11.9. ¿Qué es un sistema RAID? ¿Cuáles son los niveles RAID más ampliamente utilizados por las empresas? ¿Qué diferencia existe entre estos niveles RAID?

1.10. Clasifica los niveles RAID por sus tiempos de reconstrucción.

1.11. ¿Cuáles son las características que deben ofrecer los servidores de copias de seguridad remotas?

1.12. ¿Cuáles son las ventajas e inconvenientes de realizar copias de seguridad remotas?

1.13. ¿Cuáles son los cuatros pasos que se deben llevar a cabo en un plan de salvaguarda?

1.14. A la hora de recopilar información para establecer la política de salvaguarda, ¿que dos tipos de circunstancias pueden producirse respecto a los usuarios?

1.15. ¿Cuáles son los niveles en la frecuencia de las copias de seguridad?

1.16. ¿Qué es la duplicación de copias y que dos técnicas se utilizan?

1.17. ¿Qué técnicas se utilizan para el almacenamiento de las copias de seguridad?

1.18. ¿Cuál es la información mínima que se debe utilizar para un correcto seguimiento de las copias de seguridad?

1.19. ¿Para qué se utiliza el cifrado y que dos tipos de cifrados existen?

1.20. ¿Qué características y que hay que tener en cuenta a la hora de confeccionar pruebas sobre los datos salvaguardados?

1.21. Explica los tipos de copias que existen: completa, diferencial e incremental.

1.22. Define los conceptos RTO (*Recovery Time Objective*) y RPO (*Recovery Point Objective*).

1.23. ¿Qué es la integridad de las copias de seguridad? Enumera algunos de los algoritmos más utilizados para realizar la verificación de las mismas.

2. Bases de datos distribuidas desde un punto de vista orientado a la distribución de los datos y la ejecución de las consultas

Contenidos

Introducción

Una base de datos distribuida (BDD) es aquella en la que los dispositivos de almacenamiento de datos no están conectados a una unidad de procesamiento común. La base de datos distribuida se puede almacenar en varias computadoras situadas en la misma ubicación física, pero también pueden estar dispersos en diferentes ubicaciones geográficas.

Un sistema de bases de datos distribuida (SBDD) es aquel en el que bases de datos distribuidas están acopladas débilmente y no comparten ningún elemento físico.

En definitiva, una base de datos distribuida estará dispersa en diferentes nodos, generalmente situados en diversas localizaciones geográficas e interconectados por una red de comunicaciones, pudiendo ser los nodos computadores simples, sistemas virtualizados (máquinas virtuales), servidores e incluso un clúster de computadores.

Las principales características que debe presentar una base de datos distribuida son:

- Los datos tienen que estar distribuidos (repartidos) físicamente en más de un nodo del sistema de bases de datos distribuida.
- Los nodos tienen que estar interconectados por una red de comunicaciones.
- Los datos tienen que estar integrados en un mismo esquema lógico.
- El hecho de que los datos estén distribuidos debe ser transparente para el usuario, es decir, que el usuario acceda de la misma forma si los datos están almacenados en la sede en la que se encuentra o en otra distinta.
- Tiene que ser posible el acceso a los datos en una única operación, con independencia de la ubicación de los mismos, y dicha operación tiene que ser transparente para el usuario.
- Cada nodo del sistema de bases de datos distribuido está provisto de un sistema de control de transacciones, tanto para las locales (en el mismo nodo) como en las globales (hacia los otros nodos).

2.1. Definición de SGBD distribuido. Principales ventajas y desventajas

Un sistema de gestión de bases de datos distribuido (SGBDD) es un *software* centralizado que permite el manejo de la base de datos distribuida y se encarga de que la distribución sea transparente para los usuarios, como si la base de datos distribuida se alojase en un único lugar.

A pesar de aumentar las ventajas y capacidades de la base de datos, aumenta la complejidad del SGBD distribuido en comparación con un SGBD centralizado. Para que esto sea posible, se deben superar ciertos aspectos:

- A nivel *hardware* existen múltiples computadores llamados nodos o sitios, pudiendo estar situados en ubicaciones geográficamente diferentes.

- Los nodos deben estar comunicados por una red de comunicaciones de ordenadores para poder transmitir datos y comandos entre ellos.

Las principales características de un SGBDD son:

- Está provisto de herramientas para crear, recuperar, actualizar y borrar bases de datos distribuidas.

- Sincroniza periódicamente la base de datos y proporciona mecanismos de acceso a dicha base de datos de forma que sea transparente para el usuario.

- Se asegura de que los datos modificados en cualquier ubicación son actualizados.

- Está diseñado para el procesamiento de grandes volúmenes de datos, a los que accede gran cantidad de usuarios de forma simultánea.

- Es el encargado de mantener la confidencialidad y la integridad de los datos de las bases de datos.

- Está diseñado para las plataformas de bases de datos heterogéneas.

2.1.1. Ventajas

Destacan como principales ventajas del uso de bases de datos distribuidas el aporte de transparencia, disponibilidad y fiabilidad al sistema de información.

- **Transparencia**. Como en todo SGBD, los detalles de cómo está almacenada físicamente la información dentro del sistema (los ficheros físicos) tienen que estar ocultos. En los SGBD distribuidos, además, la forma en la que la información está fragmentada y distribuida en las diferentes ubicaciones también debe estar oculta. Con todo esto, se hace referencia al nivel de transparencia para los usuarios de la base de datos distribuida. La transparencia incide directamente en la facilidad de uso para el usuario. Existen cuatro niveles de transparencia a considerar en un sistema de bases de datos distribuido:

  1. **Transparencia de distribución**. Hace referencia a la ocultación al usuario de los detalles de las operaciones que se realizan a través de la red. La transparencia de distribución puede ser de dos tipos:

— **Transparencia de localización**. La ubicación de los datos y del sistema donde se ejecutó el comando para realizar una acción sobre la base de datos deben ser indiferentes para el sistema, es decir, transparentes.

— **Transparencia de denominación**. Hace referencia al nivel de abstracción en la forma en que se nombran los objetos de la base de datos, de tal forma que no pueda existir ambigüedad sin necesidad de recurrir a especificaciones adicionales.

2. **Transparencia de replicación**. Con el fin de aumentar la disponibilidad, el rendimiento y la fiabilidad (estos términos van a ser descritos en los siguientes puntos) se almacenan copias de los datos en distintas ubicaciones. Por lo tanto, gracias a la transparencia en la replicación, se oculta la ubicación y la existencia de la copia de los datos cuando el usuario realiza una acción sobre la base de datos distribuida. No obstante, sí se beneficia de la disponibilidad, el rendimiento y la fiabilidad que ofrecen las réplicas. La técnica de replicación se desarrollará con más detalle en las secciones 2.3.1.2 y 2.5 de este capítulo.

3. **Transparencia de fragmentación**. La técnica de fragmentación consiste en dividir la información en varios fragmentos y distribuirlos en ubicaciones diferentes. Las operaciones que ejecutan los usuarios sobre la base de datos distribuida tienen que descomponerse en operaciones fragmentadas para poder acceder a cada uno de los fragmentos necesarios, de manera que sea totalmente oculto a los usuarios. La técnica de fragmentación se desarrollará en profundidad en la sección 2.3.1.3 de este mismo capítulo.

4. **Transparencia de diseño y ejecución**. Consiste en la ocultación al usuario del diseño de la base de datos distribuida y de la ubicación donde se ejecutan las acciones requeridas.

- **Aumento de la disponibilidad y de la fiabilidad**. La disponibilidad mide el tiempo que el sistema permanece activo con respecto a un período de tiempo y la fiabilidad mide la probabilidad de que el sistema esté activo en un momento de tiempo. En un sistema de bases de datos distribuido habrá menos casos de fracaso debido a la reducción de los puntos únicos de fallo o *single point of failure* (SPOF) sobre el sistema completo, porque los datos están distribuidos en distintas ubicaciones y, por tanto, la caída de una de esas ubicaciones provoca que los datos ubicados allí sean los únicos que queden temporalmente inaccesibles. En resumidas cuentas, en caso de que falle uno de los componentes del sistema, solo deja inaccesible la información contenida en él, pero el sistema continúa funcionando; a diferencia de lo que ocurre en los SGBD centralizados, donde si uno de los nodos queda fuera de servicio, provoca una caída generalizada. Por tanto, la fiabilidad y la disponibilidad en los SGBD distribuidos es mayor que en los SGBD centralizados.

- **Aumento del rendimiento**. Si los datos están distribuidos de manera eficiente, es decir, que la información esté distribuida lo más cerca posible de donde sea necesaria, las solicitudes de datos por parte de los usuarios pueden satisfacerse por el sistema proporcionando una respuesta muy rápida. Esto sucede en contraposición con los sistemas centralizados, en los cuales los datos deben pasar necesariamente por un ordenador central para su procesamiento, lo que aumenta el tiempo de respuesta. Además, al contrario que ocurre en los sistemas centralizados, cada SGBD local tiene que ejecutar menos transacciones. En los sistemas distribuidos, las consultas que necesitan datos que están en diferentes ubicaciones se realizan por división de las consultas en otras más pequeñas y que se ejecutarán de forma paralela en cada una de las ubicaciones. Todo esto contribuye a mejorar el rendimiento y, por tanto, a reducir los tiempos de respuesta en las operaciones sobre la base de datos.

- **Escalabilidad**. Si el sistema necesita ampliarse, tan solo se requiere la adición de nuevos nodos, donde se alojarán los datos locales, y conectarlos al sistema distribuido, sin interrupción de las funciones actuales.

- **Aumento de la seguridad en el SGBD local**. Se prescinde de las conexiones remotas en la solicitud de consultas a otros nodos por parte de los usuarios, ya que estas son gestionadas por los SGBD locales mediante su infraestructura de comunicaciones dedicada sobre una red segura.

- **Menor coste de comunicación.** Al encontrarse los datos a nivel local, los costes para la manipulación de datos pueden minimizarse. En los sistemas centralizados esto no es posible.

2.1.2. Desventajas

No todo lo que aportan los sistemas gestores de bases de datos distribuidas son ventajas. Existen un conjunto de desventajas asociadas a las mismas que se describen a continuación:

- **Complejidad a nivel de *software***. Un SGBD distribuido requiere de un *software* complejo que permita proporcionar transparencia de los datos y la coordinación entre varios sitios de la base de datos distribuida y que a menudo tiene un coste muy elevado.

- **Disminución de la seguridad entre los nodos**. El control de la seguridad se vuelve más complejo debido a la necesidad de mantener conexiones seguras entre los nodos para evitar amenazas a la seguridad del sistema de información.

- **Sobrecarga por procesamiento**. Incluso para operaciones simples, puede requerirse un gran número de comunicaciones y cálculos adicionales para proporcionar uniformidad en los datos a través de las ubicaciones de la base de datos distribuida.

- **Integridad de los datos**. La necesidad de actualizaciones de datos en múltiples ubicaciones plantea problemas de integridad de datos.

- **Tiempos de respuesta altos**. Este punto se presentaba anteriormente como una ventaja, en este punto y en contraposición, se presenta ahora como una desventaja cuando la distribución de los datos es inadecuada, produciéndose un aumento en los tiempos de respuesta. Por tanto, los tiempos de respuesta dependerán de la calidad de la distribución de los datos.

- **Mayor coste general**. Requiere infraestructuras duplicadas, como personal, *software*, licencias y hardware, así como ubicaciones físicas adicionales. Sin embargo, en muchos casos, estas inversiones pueden compensar los ahorros operativos.

- **Mayor infraestructura de comunicaciones**. A pesar de ser una ventaja debido a la reducción del tráfico para las sedes que acceden a su propio SGBD local, los costes en la infraestructura para la comunicación entre los nodos de la base de datos distribuidas aumentan por cuestiones de seguridad, es decir, que es necesario invertir recursos para asegurar que las comunicaciones entre los nodos sean seguras. Además, la calidad de las líneas de comunicación debe ser de muy buena calidad para evitar cuellos de botellas en los procesos de replicación o en el procesamiento de consultas entre unos nodos y otros.

- **Mayor infraestructura de almacenamiento**. Al tener múltiples puntos de almacenamiento de datos en ubicaciones diferentes, es necesario mantener una infraestructura destinada al almacenamiento y salvaguarda de los datos con mayor capacidad. Esto implica más personal para su mantenimiento y gestión y más unidades de almacenamiento.

- **Coste de recuperación frente a fallos**. La recuperación de uno de los nodos es compleja debido a la existencia de datos replicados en otros nodos. Resulta necesario realizar tareas de comprobación en el resto de nodos.

Como es de esperar, en líneas generales, los costes relacionados con la infraestructura suelen ser elevados. Además, es necesario considerar muchas medidas y objeciones para poder preservar la seguridad y la disponibilidad de los datos. A pesar de esto, cuando se trata de grandes bases de datos de empresas que poseen numerosas sedes en diferentes localizaciones geográficas, es preferible pensar en bases de datos distribuidas en lugar de bases de datos centralizadas, proporcionando autonomía frente a fallos de otros nodos y aumentando las capacidades de procesamiento de los datos locales en cada sede y preservando el acceso a los datos de otras sedes en caso de ser necesario.

2.2. Características esperadas en un SGBD distribuido

Un sistema gestor de bases de datos distribuido (SGBDD) debe contar con las características de un sistema gestor de bases de datos centralizado (SGBD) y, además, tiene que estar provisto de herramientas para ofrecer las siguientes funcionalidades:

- Proporcionar acceso a sitios remotos y transmitir consultas y datos entre diversos sitios a través de una red de ordenadores.

- Trazabilidad ante la distribución y la replicación de los datos en el catálogo de SGBDD.

- Capacidad para elaborar estrategias de ejecución para consultas y transacciones con acceso a datos situados en nodos diferentes.

- Tiene que mantener la consistencia en las réplicas de un elemento de información.

- Tomar la decisión de a cuál de las copias de un elemento de información accederá cuando se realice una consulta a dicho elemento.

- Capacidad de recuperación ante caídas de sitios individuales y fallos de un enlace de comunicación.

Para poder gestionar las funcionalidades descritas, es necesario proveer al SGBD distribuido de herramientas que se encarguen de desempeñar dichas funciones; estos serán los componentes del SGBD distribuido, que son los siguientes:

- *Hardware*: **elementos de la red de comunicaciones**. Debido a que los datos deben estar en más de una ubicación, además de servidores, será necesaria una infraestructura de red para interconectar todas las ubicaciones.

- **Procesador de datos locales**. Es equivalente a un SGBD centralizado y, por tanto, se encarga de gestionar los datos a nivel local, siendo el encargado de las transacciones, la concurrencia y la recuperación ante fallos a nivel local.

- **Diccionario o directorio global**. En el diccionario se almacena la información referente a la ubicación y la forma de almacenar los datos, el modo de acceso a los mismos y todas las características físicas referentes a los datos. En el diccionario se definen las especificaciones necesarias para poder trasladar la representación del esquema externo de los datos a la representación interna de los mismos.

- **Procesador de aplicaciones distribuidas**. Es el componente que diferencia realmente un SGBD distribuido de uno centralizado. Su cometido es la gestión de las funciones distribuidas, accediendo a la información referente a la ubicación de los datos almacenada en el diccionario y procesar las peticiones cuando los datos a los que se hace referencia se encuentran en sedes diferentes y llevar a cabo un plan de ejecución distribuido.

2.3. Clasificación de los SGBD distribuidos según los criterios de:

Los SGBD distribuidos se clasifican según su arquitectura/implementación y teniendo en cuenta los siguientes factores de distribución, autonomía y heterogeneidad.

2.3.1. Distribución de los datos

Incide directamente en un aumento de la disponibilidad y fiabilidad de los datos y la mejora en los tiempos de acceso a los mismos. En la búsqueda de este objetivo, los datos se distribuyen entre múltiples bases de datos; estas se pueden almacenar en un mismo sistema informático o en varios distribuidos en ubicaciones geográficas diferentes, pero interconectados por un sistema de comunicaciones de ordenadores.

Una de las tareas a las que se enfrenta el administrador de una base de datos distribuida es la de tomar la decisión de la forma en la que se va estructurar la ubicación de los datos, existiendo cuatro alternativas para este fin.

2.3.1.1. CENTRALIZADA

Este modelo es muy similar a la tecnología cliente/servidor. En este tipo de modelo los datos se encuentran centralizados y son los usuarios los que están distribuidos, y solo tiene como ventaja el procesamiento distribuido.

2.3.1.2. REPLICADA

Este modelo se basa en albergar una copia completa de la base de datos en cada sitio. Es fácil suponer para el lector las ventajas e inconvenientes de este modelo: como ventajas cabe destacar la alta capacidad de lecturas simultáneas, la alta disponibilidad y fiabilidad de los datos. Como desventaja destaca la penalización por escrituras debido al coste que acarrea el proceso de replicación a todos los sitios cuando se realiza una actualización. Asimismo, tiene un coste muy alto para la implementación del sistema de almacenamiento.

2.3.1.3. PARTICIONADA O FRAGMENTADA

Este modelo se basa en mantener solo una copia de cada elemento de información en un sitio, pero procurando que el total de la información esté distribuida por todos los sitios de la base de datos distribuida. Como ventaja se destaca la disminución de los costes en la implementación del sistema de almacenamiento, debido a que el volumen de información a almacenar es menor, puesto que la misma información no está almacenada varias veces, es decir, no está replicada. Por contra, presenta problemas de disponibilidad y fiabilidad de los datos, ya que si falla uno de los sitios, no se podrá acceder a la información que se alberga en él.

Esta distribución de los datos, a fin de cuentas, consiste en particionar la base de datos. Esta partición se conoce como fragmentación. Dicha fragmentación de los datos puede ser vertical y horizontal.

- **Fragmentación vertical**. Consiste en dividir la relación en columnas, de forma que cada fragmento mantiene determinados atributos de la relación original. Se realiza mediante la operación de proyección. Para que esta fragmentación se realice de forma correcta, los fragmentos atributos tienen que cumplir que:

  — La unión de todos los fragmentos tiene que contener todos los atributos de la relación original.

  — La intersección de todos los fragmentos da como resultado la clave primaria de la relación original; por tanto, todos los fragmentos tienen en común la clave primaria de la relación original.

  — La relación original se obtiene con la operación *JOIN*.

Veamos un ejemplo: se establece como punto de partida la tabla de información de alumnos de Formación Profesional de una provincia y se quiere dividir la información entre dos nodos ubicados en posiciones geográficas estratégicas de la provincia, de forma que en un nodo se almacenen los datos personales de los alumnos, y en otro, los datos académicos de los mismos.

IDAlumno	Nombre	Apellidos	Fecha nacimiento	Ciclo Formativo	Curso	Código instituto
10001	Juan	García Gil	26/12/1977	DAW	1	290160002
10002	María	Rodríguez Pérez	25/03/1982	ASIR	2	294300023
10003	Luisa	Paredes Ruiz	10/05/1981	SMR	1	290060245
10004	Carolina	Robles López	05/11/1995	DAW	1	290160002
10005	Pablo	Cordero Hernández	12/10/1994	SMR	2	290060245

Se puede realizar una fragmentación vertical obteniendo dos tablas, una tabla (T1) de datos personales con los campos *Nombre, Apellidos* y *Fecha nacimiento,* y otra tabla (T2) de datos académicos con los campos *Ciclo Formativo, Curso* y *Código instituto*. Se almacenará un fragmento (F1) en uno de los nodos, y el otro fragmento (F2), en el otro nodo. Obteniendo como resultado los fragmentos:

Datos personales (F1)

IDAlumno	Nombre	Apellidos	Fecha nacimiento
10001	Juan	García Gil	26/12/1977
10002	María	Rodríguez Pérez	25/03/1982
10003	Luisa	Paredes Ruiz	10/05/1981
10004	Carolina	Robles López	05/11/1995
10005	Pablo	Cordero Hernández	12/10/1994

Datos académicos (F2)

IDAlumno	Ciclo Formativo	Curso	Código instituto
10001	DAW	1	290160002
10002	ASIR	2	294300023
10003	SMR	1	290060245
10004	DAW	1	290160002
10005	SMR	2	290060245

- **Fragmentación horizontal**: consiste en realizar la división en subconjuntos de tuplas en los que cada uno de estos subconjuntos tenga un significado. Esta fragmentación se realiza mediante la operación *SELECT*.

En la fragmentación horizontal podemos distinguir dos tipos:

- — **Fragmentación horizontal primaria:** la división se realiza empleando los predicados definidos en dicha relación.

- — **Fragmentación horizontal derivada:** consiste en dividir una relación partiendo de los predicados definidos sobre alguna otra relación.

Para que esta fragmentación sea correcta, se tiene que cumplir que:

- — La unión de todos los fragmentos tiene que ser la relación original.

- — La intersección de todos los fragmentos es vacía.

Por tanto, la relación original se recupera mediante la operación *UNION*.

Continuando con el ejemplo anterior, se llevará a cabo una fragmentación horizontal. Supondremos un nodo de la base de datos en cada instituto, por lo tanto, la fragmentación se realizará según el campo *Código instituto,* obteniendo así tres fragmentos:

El fragmento F1:

IDAlumno	Nombre	Apellidos	Fecha nacimiento	Ciclo Formativo	Curso	Código instituto
10001	Juan	García Gil	26/12/1977	DAW	1	290160002
10004	Carolina	Robles López	05/11/1995	DAW	1	290160002

El fragmento F2:

IDAlumno	Nombre	Apellidos	Fecha nacimiento	Ciclo Formativo	Curso	Código Instituto
10002	María	Rodríguez Pérez	25/03/1982	ASIR	2	294300023

Y por último el fragmento F3:

IDAlumno	Nombre	Apellidos	Fecha nacimiento	Ciclo Formativo	Curso	Código instituto
10003	Luisa	Paredes Ruíz	10/05/1981	SMR	1	290060245
10005	Pablo	Cordero Hernández	12/10/1994	SMR	2	290060245

- **Fragmentación mixta.** En muchos casos es necesario recurrir a la combinación de la fragmentación horizontal y vertical; es lo que se conoce como fragmentación mixta. Existen dos tipos de fragmentación mixta:

  — **Fragmentación vertical-horizontal (VH).** Consiste en una fragmentación vertical seguida de una fragmentación horizontal sobre cada uno de los fragmentos verticales.

  Trasladando el ejemplo anterior a este nuevo tipo de fragmentación, se utilizarán las fragmentaciones anteriores para obtener, mediante la fragmentación vertical, los datos personales de los alumnos en un nodo y los datos académicos distribuidos en otros nodos. De esta forma, este otro fragmento se fragmentará a su vez horizontalmente por código de instituto para almacenar dichos fragmentos en los nodos ubicados en cada instituto.

  Se obtiene la siguiente fragmentación:

  Fragmento (FV1) correspondiente a los datos personales almacenados en uno de los nodos:

IDAlumno	Nombre	Apellidos	Fecha nacimiento
10001	Juan	García Gil	26/12/1977
10002	María	Rodríguez Pérez	25/03/1982
10003	Luisa	Paredes Ruiz	10/05/1981
10004	Carolina	Robles López	05/11/1995
10005	Pablo	Cordero Hernández	12/10/1994

El fragmento FV2 con los datos académicos se fragmenta, a su vez, horizontalmente por código de instituto, obteniéndose tres fragmentos:

Fragmento FV2H1 datos académicos del instituto con código 290160002:

IDAlumno	Ciclo Formativo	Curso	Código instituto
10001	DAW	1	290160002
10004	DAW	1	290160002

Fragmento FV2H2 datos académicos del instituto con código 290160023:

IDAlumno	Ciclo Formativo	Curso	Código instituto
10002	ASIR	2	294300023

Fragmento FV2H3 datos académicos del instituto con código 290060245:

IDAlumno	Ciclo Formativo	Curso	Código instituto
10003	SMR	1	290060245
10005	SMR	2	290060245

- **Fragmentación horizontal-vertical (HV).** De forma análoga a la fragmentación VH, esta consiste en una fragmentación horizontal seguida de una fragmentación vertical sobre cada uno de los fragmentos horizontales.

El siguiente paso a la fragmentación es la asignación de cada fragmento a un sitio de la base de datos distribuida, esto es lo que se conoce como distribución de los datos.

2.3.1.4. HÍBRIDA

En numerosos casos es necesaria la combinación del modelo de replicación y de fragmentación para obtener una base de datos distribuida con las ventajas de ambos y es lo que se conoce como distribución híbrida de los datos. Lo que se hace es fragmentar la relación de la forma más adecuada para cada caso y los fragmentos se replican estratégicamente.

Es importante tener en cuenta en el diseño de la base de datos distribuida todos los aspectos que inciden sobre la base de datos y que pueden minimizarse mediante la distribución de los datos. Al menos se deben tener en cuenta las siguientes consideraciones:

- **Ubicación de los datos**. Se debe realizar un análisis previo al diseño de la base de datos distribuida, en el que se determine dónde habrá mayor número de accesos a los datos para ubicar en ese sitio los datos, de forma que se tenga acceso a ellos de forma local en un sitio de mayor acceso.

- **Fiabilidad de los datos**. Frente a posibles desastres, para salvaguardar los datos, será conveniente almacenar copias en ubicaciones geográficas alejadas. De esta forma, si ocurre un desastre en un sitio, se mantiene una copia de los datos en otro sitio.

- **Disponibilidad de los datos**. Al igual que ocurre con la fiabilidad, con la técnica de almacenar copias de los datos en distintas ubicaciones aumenta la disponibilidad de los datos, ya que si un sitio de la base de datos no está accesible (*offline*), los usuarios pueden acceder a los datos mediante las copias ubicadas en el resto de sitios.

- **Capacidad y coste del sistema de almacenamiento**. La configuración de la base de datos distribuida, para que mantenga disponibilidad y fiabilidad elevadas, conlleva un coste alto en el sistema de almacenamiento, ya que el volumen de información necesario, por regla general, es alto debido a la cantidad de copias de datos que hay que almacenar. El coste de almacenamiento se puede ajustar en función de la elección de la distribución de los datos.

- **Distribución de la carga de procesamiento**. Una de las principales motivaciones a la hora de escoger un sistema de bases de datos distribuido es el reparto de la carga de procesamiento.

- **Infraestructura de comunicaciones**. El coste de las comunicaciones es elevado cuando se requieren muchos accesos a la base de datos. La distribución replicada hace que los costes en las comunicaciones sean menores, pero tiene en contraposición la penalización en el proceso de replicación de los datos a todos los sitios.

En definitiva, a la hora de diseñar la base de datos distribuida se deben tener en cuenta diversos factores concernientes a la forma en la que se distribuirán los datos, ya que repercutirán directamente en el funcionamiento de la base de datos.

2.3.2. Tipos de los SGBD locales

Otro criterio de clasificación de los SGBD distribuidos es el que se realiza en función de la homogeneidad de la base de datos distribuida. De esta forma, se distingue entre bases de datos homogéneas y heterogéneas.

- **Homogéneas**. Son las bases de datos distribuidas que tienen el mismo SGBD en todos los sitios y, por tanto, cumplen unas características comunes en todos los sitios:

  — Todos los sitios utilizan un *software* muy similar, generalmente idéntico.

  — Todos los sitios utilizan el mismo SGBD o al menos del mismo vendedor.

  — Cada sitio tiene conexión con los otros sitios y colabora en el procesamiento que realizan los usuarios a la base de datos distribuida.

— Se accede a la base de datos a través de una sola interfaz, como si se tratara de una sola base de datos.

- **Heterogéneas**. Son las bases de datos distribuidas que pueden utilizar distintos SGBD en sus sitios. Se caracterizan por:

  — Sitios diferentes pueden usar diferentes *software* y esquemas de bases de datos.

  — Se incrementa la complejidad en el procesamiento de las consultas debido al uso de esquemas diferentes.

  — El procesamiento de transacciones es complejo debido al uso de SGBD diferentes.

  — Un sitio puede no tener información acerca otros sitios, por lo que la cooperación para el procesamiento en las peticiones de los usuarios se limita.

  En las bases de datos heterogéneas distinguimos:

  ✓ **SGBD federado.** Un sistema gestor de bases de datos federadas es una colección de sistemas gestores de bases de datos colaborativos y autónomos entre ellos. En un sistema gestor de bases de datos federado los usuarios tienen acceso a los datos de los distintos SGBD a través de una interfaz común, no obstante, no existe un esquema global que represente a todos los datos de las distintas bases de datos gestionadas por cada SGBD, pero sí existen varios esquemas unificados en los que cada uno describe porciones de bases de datos y archivos. En la práctica, las bases de datos federadas son vistas unificadas de bases de datos independientes para presentarse como una sola base de datos. En la realidad, son una colección de sistemas de bases de datos independientes, cooperativos, heterogéneos, que son autónomos y que permiten compartir todos o algunos de sus datos. Una base de datos federada se presenta como una base de datos común, pero en la realidad no tiene existencia como tal, sino que es una vista lógica. Los sistemas federados se clasifican según su nivel de acoplamiento, pudiendo ser:

    ▶ **Débilmente acoplado**. Se basa en la ausencia de un esquema conceptual global. Además, los esquemas externos están compuestos por uno o más esquemas conceptuales locales. Sus principales características son:

      ▪ Los usuarios son los responsables de la creación y el mantenimiento de las federaciones mediante la utilización de vistas y los administradores no tiene control sobre este aspecto.

      ▪ Soporta sistemas de bases de datos altamente autónomos y de los que serán los usuarios los responsables de su mantenimiento.

Presenta las siguientes **ventajas**:

- Dispone de gran flexibilidad para mapear diferentes semánticas de los mismos objetos en distintos esquemas de exportación.

- Presenta una capacidad alta para soportar la evolución de los componentes.

Y como **desventajas**:

- Frente a una cantidad elevada de esquemas de exportación, presenta dificultad de comprensión de los mismos debido a la complejidad que genera.

- El coste de trabajo en el mantenimiento de estos sistemas es más elevado debido a la complejidad.

- Existen problemas para actualizar las vistas que utilizan los usuarios.

► **Fuertemente acoplado**. Poseen un esquema conceptual global formado por subconjuntos que contienen los esquemas conceptuales locales y que se componen de los datos que cada sistema local decide compartir. Este concepto de esquema conceptual global en este tipo de sistemas implica integración de partes de los esquemas conceptuales locales y de los esquemas externos locales. Sus principales características son:

- En este caso, el administrador global del sistema es el que tiene el control sobre la creación y acceso a los sistemas de bases de datos.

- Además soporta uno o más esquemas federados. A raíz de esto, admiten un nivel taxonómico más: federación sencilla, que son las que tan solo permiten la creación y manejo de un solo esquema federado; y federación múltiple, que permiten la creación y manejo de múltiples esquemas federados.

Sus **ventajas** son:

- Soporta actualizaciones.

- La interpretación de la semántica de los múltiples datos integrados en el sistema federado es uniforme.

Sus **desventajas** son:

- Debido que son los administradores globales los encargados del control de creación y acceso, se puede llegar a quebrantar la autonomía que poseen los sistemas de bases de datos. Esto se presentó como una ventaja que, si se gestiona mal, se convierte en una desventaja.

- No soporta la evolución dinámica de los esquemas de exportación o componentes.

✓ **SGBD no federado.** Los sistemas de bases de datos utilizan un módulo central de coordinación a través del cual se accede a las bases de datos, por lo que no son autónomas.

2.3.3. Autonomía de los nodos

Este es otro factor de clasificación de los SGBD locales y está relacionado con la homogeneidad y heterogeneidad. Consiste en la identificación del grado en que los SGBD pueden actuar de forma independiente. Se clasifican según el tipo de autonomía:

- **Autonomía de diseñado**. Capacidad de que cada nodo de la base de datos decida los aspectos relacionados con su diseño. Es decir, existe libertad en la elección del SGBD que se va a utilizar, e incluso en cualquier particularidad.

- **Autonomía de comunicación**. Capacidad de un SGBD de decidir cómo y cuándo comunicarse con otros SGBD.

- **Autonomía de ejecución**. Capacidad de un sitio para ejecutar operaciones locales sin necesidad de operaciones externas.

- **Autonomía de asociación**. Capacidad de compartir funcionalidades y recursos con otros sitios, e incluso la capacidad de asociarse o retirarse de uno o más sitios.

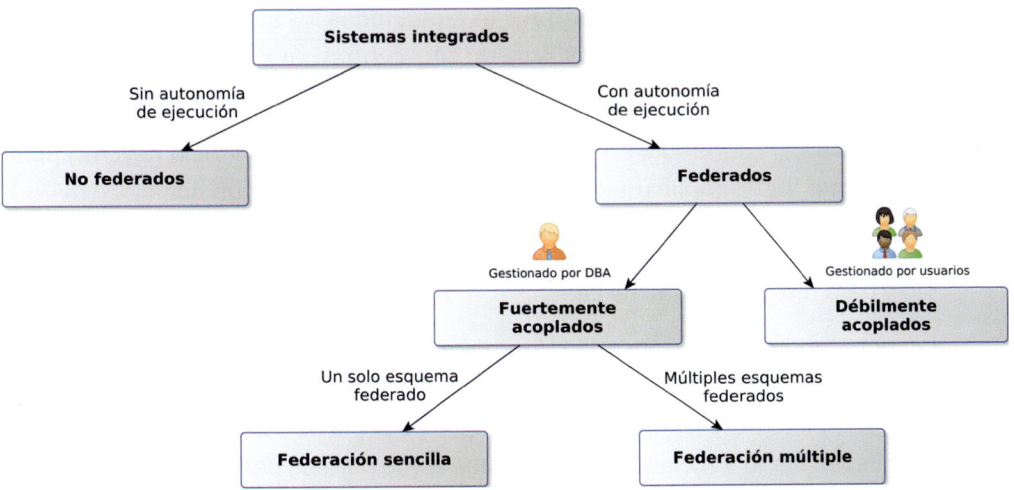

Figura 2.1. Esquema de la clasificación de bases de datos distribuidas en función de su autonomía.

Puesto que no existe una diferenciación entre las clasificaciones según la autonomía de los nodos y de los SGBD locales y que están relacionadas entre sí, en la Figura 2.1 se presenta un diagrama de clasificación que muestra la relación que existe entre ambas clasificaciones.

2.4. Enumeración y explicación de las reglas de DATE para SGBD distribuidos

Christopher J. Date definió un conjunto de doce reglas que deben cumplirse en un sistema de bases de datos totalmente distribuida. No obstante, aunque solo son doce reglas, es difícil conseguirlo en los SGBD.

Se define como punto de partida la regla 0, que establece que desde el punto de vista del usuario, un sistema distribuido deberá ser idéntico a un sistema no distribuido. Esto quiere decir que:

- Las operaciones de LMD no deberán sufrir cambios.

- Las operaciones de LDD requerirán cierta ampliación. Por ejemplo: se tiene que poder crear una tabla en el sitio A y poder almacenarla en el sitio B.

A continuación, se describen las reglas de Date:

1. **Autonomía local**. Los sitios deben ser autónomos y todas las operaciones en un sitio dado se controlan de ese sitio.

   De esta forma, ningún sitio A debe depender de otro sitio B para su correcto funcionamiento. Por lo que si el sitio A está fuera de servicio (*offline*), el sitio B debe poder seguir trabajando.

2. **No dependencia de un sitio central**. Por tanto, todos los sitios deben tratarse por igual y no debe haber dependencia de un sitio central para obtener un servicio del sistema distribuido, como, por ejemplo, procesar una consulta o actualizar un dato.

   Si sucediera al contrario y el sitio central quedará fuera de servicio (*offline*) por el motivo que fuere, implicaría que todo el sistema dejase de funcionar.

3. **Operación continua**. Una base de datos distribuida nunca puede requerir un reinicio para realizar alguna tarea.

   Por este motivo, un sistema de bases de datos distribuido debe proporcionar un sistema de copia de seguridad y recuperación en línea sobre un servicio de archivado completo e incremental. Los procesos de copia de seguridad y de recuperación deben ser lo suficientemente rápidos como para no penalizar el rendimiento del sistema, ya que deben realizarse con el sistema activo (*online*).

4. **Transparencia e independencia de ubicación**. Ni usuarios ni aplicaciones deben conocer la ubicación física de los datos, ni dar la apariencia de estar almacenados de forma local. La transparencia en la ubicación debe mostrar los datos al usuario como si todos estuvieran en un mismo sitio y la independencia de la ubicación permite trasladar fácilmente la base de datos distribuida de un sitio a otro sin necesidad de realizar modificaciones en el sistema.

5. **Independencia con respecto a la fragmentación**. Las tablas relacionales en un sistema de bases de datos distribuida se pueden dividir en fragmentos y almacenarse en sitio diferentes de forma transparente para los usuarios y las aplicaciones.

   De forma análoga a la regla de la transparencia en la ubicación, los usuarios y las aplicaciones no deberían ser conscientes del hecho de que algunos datos puedan estar almacenados en un fragmento de una tabla en un sitio diferente del sitio donde se almacena la propia tabla.

6. **Independencia en la replicación**. Los datos pueden ser replicados en múltiples computadoras a lo largo de la red de forma totalmente transparente para el usuario y las aplicaciones.

   Al igual que en las reglas de transparencia e independencia de ubicación y de independencia en fragmentación, la independencia de replicación tiene que estar diseñada para que los usuarios estén libres de la preocupación en la ubicación de los datos. Tanto usuarios como aplicaciones deben ser ajenos al hecho de que existan réplicas y que estas se sincronizan de forma automática mediante SGBD distribuida.

7. **Procesamiento distribuido de consultas**. El rendimiento de una consulta determinada debe ser independiente del lugar del que se envió la consulta.

   Un sistema de este tipo debe apoyarse en un optimizador que pueda seleccionar no solo la mejor ruta de acceso dentro de un sitio, sino que también puede optimizar el rendimiento de una consulta distribuida con respecto a factores como la ubicación de los datos, la CPU, la utilización de E/S y el tráfico de la red.

8. **Gestión de transacciones distribuidas**. Un sistema distribuido debe ser capaz de soportar transacciones atómicas.

   Las propiedades de transacción de atomicidad, consistencia, durabilidad y aislamiento deben ser apoyadas no solo para las transacciones locales, sino también para transacciones distribuidas que pueden abarcar varios sistemas. En las BDD, el sistema debe asegurarse de que todos los agentes correspondientes a la transacción se comprometan o retrocedan al unísono y esto se logra mediante un protocolo de compromiso en dos fases. El control de concurrencia se consigue mediante un sistema de bloqueo de la misma forma que en los sistemas no distribuidos. A fin de cuentas, debe ser un sistema *ACID compliant*.

ACID es el acrónimo de *Atomicity, Consistency, Isolation, Durability*. Se dice que un sistema es *ACID compliant* cuando cumple los requisitos de atomicidad, consistencia, aislamiento y durabilidad.

9. **Independencia del *hardware***. Un sistema de bases de datos distribuida debe ser capaz de operar y acceder a datos distribuidos en una amplia variedad de plataformas *hardware*.

   Un SGBD distribuido no debe basarse en una característica *hardware* determinada; no se debe limitar a una arquitectura *hardware*.

10. **Independencia del sistema operativo**. Un sistema de bases de datos distribuida debe ser capaz de ejecutarse en diferentes sistemas operativos.

    Esta regla es similar a la que hace referencia a la independencia del *hardware*, pero trasladándose al ámbito del sistema operativo. Un sistema de bases de datos distribuida debe soportar la distribución de funciones y datos a través de diferentes sistemas operativos, incluyendo cualquier combinación de sistemas operativos con independencia de la familia a la que pertenecen; por ejemplo, sistemas operativos de la familia UNIX, Windows, MacOS, Linux, etcétera.

11. **Independencia de la red**. Un sistema de bases de datos distribuida debe ser diseñado para funcionar independientemente de los protocolos de comunicación y topología de la red que se utilice para interconectar los nodos del sistema.

    De forma similar a las reglas 9 y 10, esta establece que un sistema de bases de datos distribuida, en realidad, debe soportar la distribución de funciones y datos a través de diferentes sistemas operativos, con independencia del método de comunicación utilizado para interconectar todos los sistemas integrantes, incluyendo redes LAN y WAN. De hecho, las redes y protocolos de comunicación se pueden mezclar para satisfacer las necesidades empresariales, económicas, geográficas y cualquier otro tipo de necesidad, sin que esto influya en la distribución de funciones y datos del sistema distribuido.

12. **Independencia SGBD**. Un SGDB distribuido ideal debe ser capaz de soportar interoperabilidad entre los SGBD de los diferentes nodos del sistema distribuido, incluso si los SGBD son distintos, es decir, si son heterogéneos.

    Todos los SGBD participantes en un SGBD distribuida deben utilizar interfaces estándares comunes (API) con el fin de interactuar entre ellos y participar en el procesamiento de la base de datos distribuida.

Una vez expuestas las doce reglas, hay que reseñar una serie de puntos que las atañen:

- No todas las reglas serán aplicables en todas las situaciones. Esto dependerá de las necesidades y requisitos que deba satisfacer el sistema distribuido para cumplir con el cometido de su diseñado.

- No todas las reglas son independientes entre sí.

- Estas reglas no tienen el mismo peso en importancia, por lo que habrá que sopesarlas en función de la importancia que tengan o según el diseño del sistema distribuido.

- Este conjunto de reglas es útil para la comprensión de la tecnología que se va a aplicar cuando se recurre a un sistema distribuido.

2.5. Replicación de la información en bases de datos distribuidas

El objetivo de la replicación es mejorar la disponibilidad de los datos, de forma que si una ubicación de la base de datos distribuida quedase fuera de servicio, los datos podrán seguir disponibles siempre que estos estén replicados en otra ubicación.

Es posible pensar que el diseño idóneo para una base de datos distribuida es aquel en el que los datos están replicados en todas las ubicaciones. Esto proporcionará una disponibilidad total de la información y un aumento considerable del rendimiento en las consultas de datos globales debido a que todas se realizarán en el servidor local desde el que se realizó la consulta. Este diseño presenta como principal desventaja el hecho de que las operaciones de actualización de información en las réplicas de la base de datos distribuida se verán enormemente ralentizadas. Este hecho se debe a que es necesario realizar dichas operaciones en cada copia de la base de datos para así poder mantener la consistencia de la base de datos y, además, presenta una gran dificultad en la concurrencia y recuperación. Por otro lado, será necesario un sistema de almacenamiento de mayor capacidad y de mayor rendimiento, y por tanto de mayor coste, en cada ubicación de la base de datos distribuida para intentar minimizar esta pérdida de rendimiento.

En contraposición a este diseño, está aquel en el que no existe la replicación y cada uno de los fragmentos de la base de datos está almacenado en una sola ubicación. El problema está claro: la ausencia de disponibilidad de la información de una ubicación si esta quedase fuera de servicio. Este caso se conoce como base de datos distribuida con ubicaciones no redundantes.

Después de introducir la temática sobre replicación en bases de datos distribuidas, se realiza una descripción formal.

La búsqueda de la replicación va encaminada a aportar los siguientes beneficios a la base de datos distribuida:

- Aumento de la disponibilidad.

- Rendimiento.

- Disminución del tráfico de red.

- Autonomía.

A pesar de presentar enormes ventajas, genera problemas derivados de los descritos en la introducción de esta sección. Algunos de ellos son:

- Elevados costes en el control de concurrencia y recuperación.

- Aumento del tráfico de red.

- Aumento de la sobrecarga en las operaciones de actualización.

Por consiguiente, el diseño de la base de datos distribuida debe tener en cuenta la frecuencia de uso de los datos para su fragmentación, su distribución y su replicación en las diferentes ubicaciones de la base de datos distribuida para conseguir no solo mayor fiabilidad y disponibilidad, sino también mayor rendimiento.

Como se ha descrito, el objetivo de la replicación consiste en mantener la consistencia de las copias de la base de datos, pero surge la controversia de en qué momento estas deben ser idénticas. Por tanto, una primera clasificación de la replicación se realizará en función del momento en el que se necesite que las copias estén replicadas, pudiendo ser réplicas síncronas o asíncronas.

2.5.1. Replicación síncrona

Bajo este enfoque, cuando se realiza una actualización sobre un elemento de la base de datos, este se actualiza simultáneamente en todas las copias donde se encuentre ese elemento. No es sencillo realizar esta operación preservando la consistencia de las copias, debido a que si hay un fallo en el proceso de replicación no se podrá garantizar si la copia del elemento es veraz. Para evitar esta situación, se realiza la actualización del elemento mediante el protocolo de confirmación de dos fases que garantice la atomicidad (propiedad que asegura que una operación se ha realizado o no, y, por tanto, no puede quedar en un estado indeterminado) de la modificación en todas la ubicaciones donde se encuentren las copias del elemento.

En este tipo de replicación, cuando una de las ubicaciones está *offline*, el proceso de transacciones en las demás ubicaciones se mantienen en una cola de espera para que puedan aplicarse cuando la ubicación vuelva a estar *online,* pero sin prestar servicio hasta que todas las transacciones pendientes en la cola de tareas de las copias de las demás ubicaciones se realicen en la ubicación que quedó *offline*, en el mismo orden que se produjeron y todas la ubicaciones en las que estén implicados dichos elementos vuelven a estar en servicio.

Es obvio que este tipo de replicación tiene como principales desventajas:

- La pérdida de rendimiento global en la base de datos debida a la sobrecarga del tráfico de la red que generan las operaciones de sincronización.

- El bloqueo frente a fallas. Durante la caída de la ubicación de una réplica, los elementos que están en dicha réplica quedan bloqueados hasta que la ubicación se repare.

Está claro que este escenario de replicación es útil cuando se requiere que la información esté replicada en todas las ubicaciones de la base de datos distribuida.

2.5.2. Replicación asíncrona

Este escenario de replicación también se conoce con el nombre de *copia principal.* Bajo este enfoque, las copias no tienen que estar sincronizadas en todo momento, puesto que la sincronización se realizará de forma eventual según se defina en el diseño de la replicación.

La ubicación que recibe las operaciones de actualización o modificación de datos se denomina ubicación primaria o editor (*publisher*) y los sitios donde se albergan las copias se llaman secundarios o suscriptores (*subscribers*).

Todas las transacciones se realizan en la ubicación principal y en él se decide el orden en el que las transacciones se sincronizarán en las demás ubicaciones para preservar la consistencia de las copias y se colocan en una cola para su posterior sincronización. Este proceso se realiza utilizando un proceso por lotes (*batch-mode process*) y es conocido como despliegue de las copias (*rollout*). El diseñador de la base de datos distribuida es el encargado de establecer la frecuencia con la que se realizará este despliegue de las transacciones a los suscriptores.

La principal desventaja de este escenario de replicación es que solo se almacena una copia de las transacciones en tiempo real, ya que únicamente se realizan transacciones en la ubicación primaria, de manera que frente a una posible caída de la ubicación primaria se perderían esas transacciones. Como solución a este problema, se puede implantar uno o más sitios para que actúen como respaldo de la ubicación primaria en caso de caída de la primaria y que se sincronicen de forma síncrona como se describió en la sección anterior. Otra solución consiste en configurar estos sitios de forma que actúen como principales según un algoritmo de reparto de transacciones, bien sea estableciendo turnos, o bien derivando las transacciones a la ubicación que tenga menos transacciones pendientes. La desventaja para este último tipo de implementaciones es que se requiere un sistema dedicado al reparto de carga para las conexiones que realizan las transacciones, lo que incrementa los costes, pero puede aumentar el rendimiento de la base de datos distribuida.

Esto abre las puertas a combinaciones entre la replicación síncrona y asíncrona, para que, según las necesidades que el sistema de información requiere de la base de datos distribuida, puedan combinar rendimiento, fiabilidad y disponibilidad.

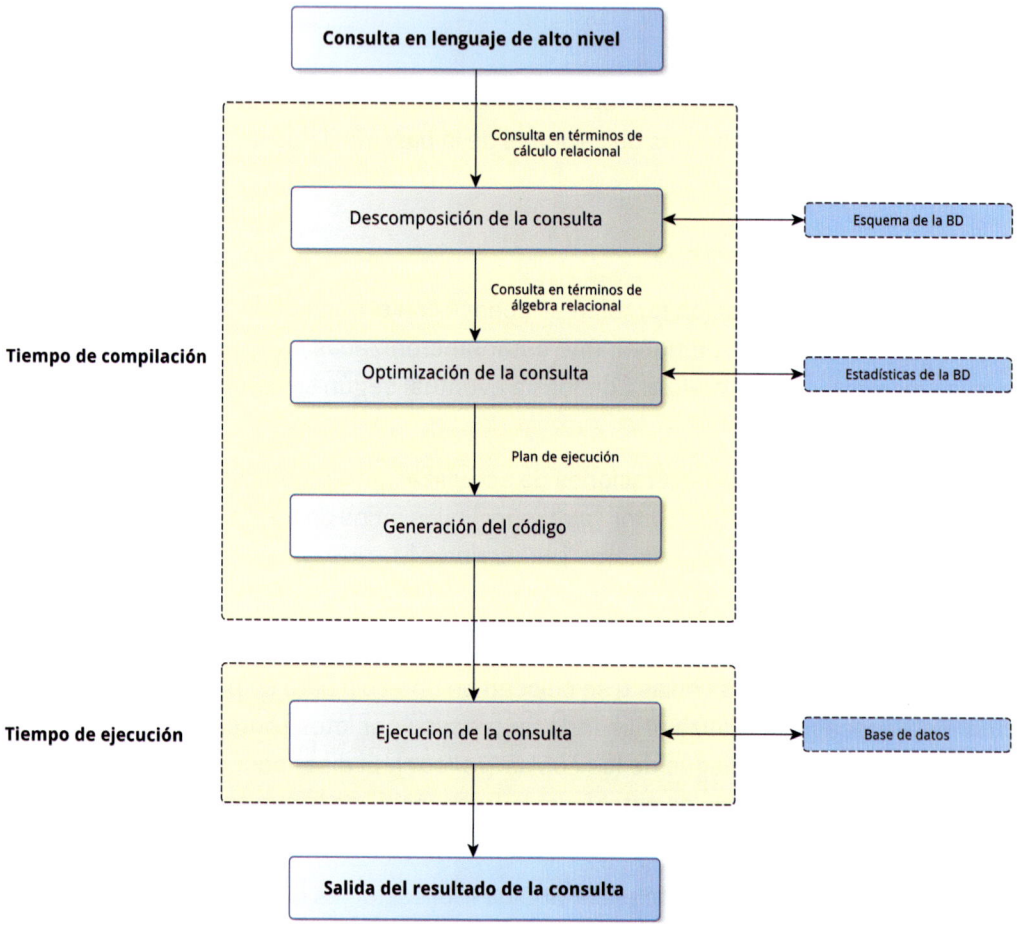

Figura 2.2. Secuencia de procesamiento de consultas en sistemas centralizados.

2.6. Procesamiento de consultas

El procesamiento de consultas está formado por el conjunto de actividades o tareas necesarias para la extracción de datos de una de bases de datos. En líneas generales diremos que se traduce la expresión transcrita en un lenguaje de alto nivel (como puede ser SQL) en expresiones que puedan ser procesadas por el sistema, la optimización de la consulta y la evaluación real de la misma.

En los entornos centralizados el procesamiento de consultas se lleva a cabo mediante los siguientes pasos:

1. **Análisis y traducción.** La primera acción que el sistema realiza para poder procesar la consulta es la traducción de la consulta al formato entendible por el sistema. Para esto, en primer lugar, el analizador del sistema comprueba la sintaxis de la expresión de la consulta que ha generado el usuario y verifica que los nombres de los elementos que aparecen en la expresión de la consulta también existen en la base de datos. Posteriormente, se construye un árbol para el análisis de la consulta, que se transformará en una expresión del álgebra relacional. En resumidas cuentas, las consultas generadas en el lenguaje SQL se analizan y traducen a expresiones de álgebra relacional.

2. **Optimización.** Cada operación del álgebra relacional anotada con instrucciones sobre la evaluación recibe el nombre de *primitiva de evaluación* y las sentencias de operaciones primitivas se conocen como plan de ejecución de la consulta. Cabe esperar que diferentes planes de ejecución para una consulta dada impliquen costes distintos, y es tarea del optimizador generar el plan de ejecución con menor coste.

3. **Evaluación.** Esta tarea se centra en evaluar el plan de ejecución de la consulta generado por el optimizador y mostrar el resultado.

En los sistemas de bases de datos distribuida, además de lo visto hasta ahora, también hay que tener en cuenta:

1. El suplemento del coste de la transmisión de los datos a través de la red de comunicaciones. En estos datos se incluyen los ficheros intermedios que se transfieren a otras ubicaciones para un mejor procesamiento, así como el resultado final que debe devolverse a la ubicación que realizó la consulta. A pesar de que estos volúmenes de información son lo suficientemente reducidos para no saturar una red de área local (LAN), pueden provocar problemas de rendimiento cuando necesitan circular por otro tipo de redes más lentas y, consecuentemente, los tiempos de latencia serán más elevados, como es el caso de la red Internet. Por tanto, el optimizador, además, deberá tener en cuenta la cantidad de datos que se deben transferir para elegir la estrategia óptima cuando se trate de consultas distribuidas. Otra estrategia muy utilizada para la optimización de una consulta distribuida es la conocida como semirreunión o *semijoin,* que consiste en utilizar la operación *semijoin* del álgebra relacional para reducir el número de tuplas de una relación que se deben transferir a otra ubicación de la base de datos distribuida.

2. El ahorro del coste en términos de rendimiento si la consulta se descompone para que cada parte pueda procesarse en paralelo en ubicaciones distintas se describe en el siguiente apartado de este capítulo.

2.7. Descomposición de consultas y localización de datos

Con el fin de conseguir un mayor rendimiento y minimizar la sobrecarga de las comunicaciones, el procesamiento de las consultas se puede descomponer en subconsultas. El proceso de descomposición se puede observar en la imagen de la Figura 2.3.

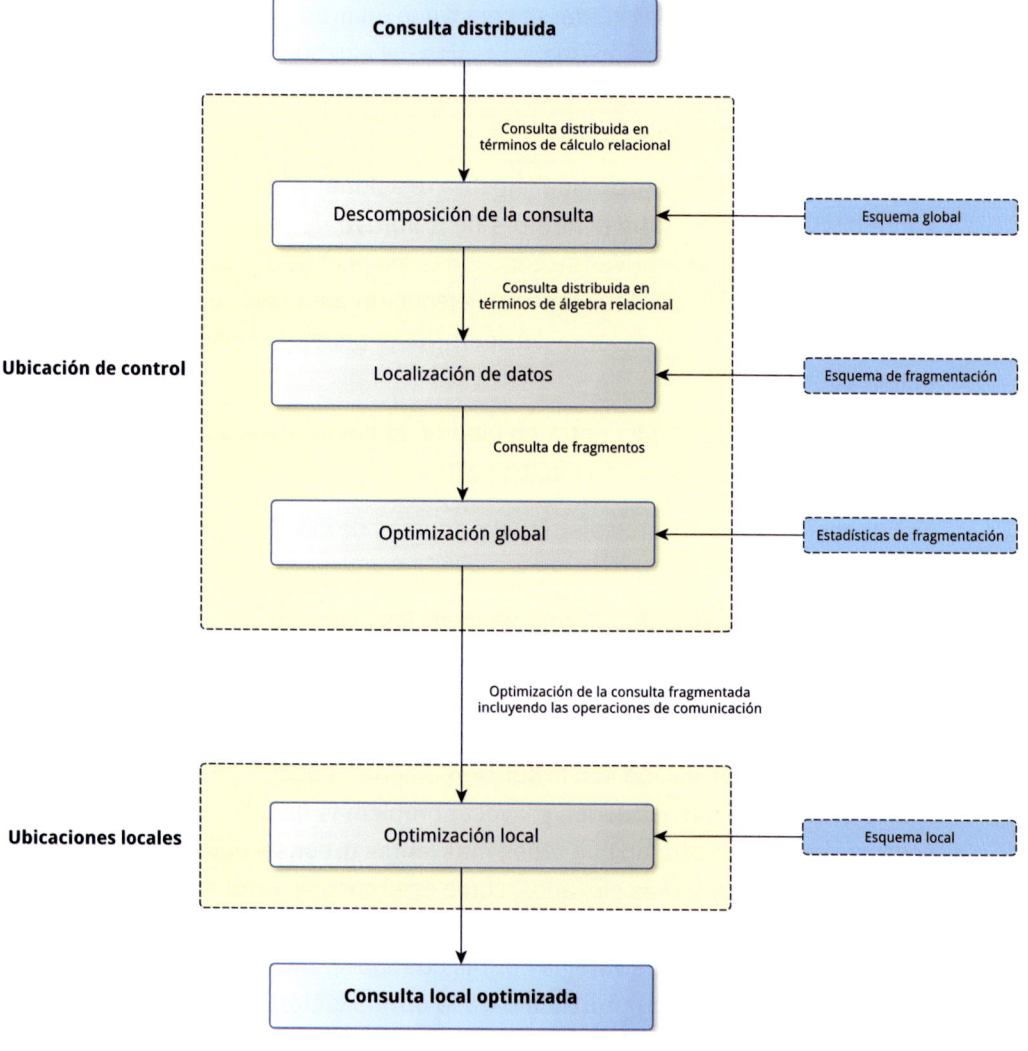

Figura 2.3. Proceso de descomposición de una consulta distribuida.

2.7.1. Descomposición de consultas globales

Este nivel tiene como objetivo transformar la consulta en términos de álgebra relacional.

La información necesaria para poder realizar dicha transformación se encuentra en la definición del esquema global, en el cual están definidas las relaciones globales y es un proceso igual que el realizado en los sistemas centralizados, tal y como se describió en la sección 2.6, y que trata, en líneas generales, de detectar errores, eliminar redundancias y transformar la consulta expresada en términos de cálculo relacional a una expresión de álgebra relacional.

2.7.2. Localización de los datos

En esta fase, la entrada viene expresada en términos de álgebra relacional sobre relaciones distribuidas. El objetivo de esta fase consiste en transformar dicha expresión en una equivalente pero fragmentada, obteniendo, por tanto, una expresión fragmentada en álgebra relacional.

Dichos fragmentos dependen de la ubicación de los datos y, por ende, dicha expresión necesita localizarlos en función de la información relativa a la distribución de los mismos (esquema de fragmentación), determinando qué fragmentos están involucrados en la consulta y poder así generar la consulta en función de esos fragmentos.

Este proceso se desarrolla en dos etapas:

1. La consulta distribuida se traduce en una consulta fragmentada por sustitución de cada relación distribuida por el correspondiente fragmento.

2. La consulta fragmentada se simplifica y reestructura para generar otra consulta mejorada mediante las mismas reglas de simplificación utilizadas en los sistemas centralizados con el fin de producir un procedimiento de refinamiento progresivo.

2.7.3. Optimización de consultas globales

La optimización global de la consulta genera un plan de ejecución óptimo para la entrada a este nivel: la consulta fragmentada expresada sobre fragmentos. La estrategia de ejecución de una consulta distribuida puede describirse según las operaciones del álgebra relacional más primitivas de comunicaciones (*send/receive*) para transferencia de datos entre los nodos.

En los niveles anteriores ya se han efectuado optimizaciones, que son independientes de las características de los fragmentos y de las operaciones primitivas de comunicaciones, y, por tanto, las modificaciones consistentes en la reordenación de las operaciones deben tener en cuenta los siguientes factores:

- Se tienen en cuenta factores como el espacio del sistema de almacenamiento, las tasas de transferencia en las operaciones de entrada/salida, los tiempos del procesador, la cantidad de memoria disponible, etcétera.

- Determinación de los algoritmos más eficientes.

- Las operaciones de comunicación entre nodos serán el factor más determinante en la elaboración de la estrategia de ejecución.

Para elaborar el plan de ejecución correctamente es necesario predecir los costes de ejecución, para lo que se requieren estadísticas de los fragmentos y técnicas heurísticas que permitan determinar la cardinalidad de los resultados. Por consiguiente, estas operaciones se realizan en una ubicación central, que es la que tiene toda la información necesaria para poder abstraer de la ejecución al sistema gestor de bases de datos distribuido de los métodos de acceso, de los esquemas y estadísticas.

En esta fase, un aspecto muy importante para poder obtener resultados optimizados es el coste de la ordenación de los *joins,* tratando de reducir el tamaño de los operandos del *join* mediante el uso de *semijoin* y obtener así un coste menor en la comunicación entre los nodos.

La optimización global de una consulta es previa a la ejecución de la misma y, por tanto, se dice que es estática. Debido a esto, puede realizarla el compilador, y, además, explotar en beneficio del rendimiento los conocimientos del esquema y de la localización de los datos en los fragmentos.

2.7.4. Optimización de consultas locales

En este nivel, las consultas se realizan en los sistemas gestores de bases de datos locales empleando el esquema local de cada uno.

En este caso, las optimizaciones, a diferencia de lo visto en las optimizaciones globales, se realizan en tiempo de ejecución de la consulta y se dice que son dinámicas.

Este proceso se realiza de igual forma que en los sistemas centralizados, vistos en la sección 2.6.

ACTIVIDADES

2.1. Define los conceptos de bases de datos distribuida (BDD) y sistema de bases de datos distribuida (SBDD).

2.2. ¿Cuáles son las principales características de una base de datos distribuida? ¿De qué componentes está compuesta una base de datos distribuida?

2.3. ¿En qué consiste la transparencia de un SGBD y cuántos niveles existen en las bases de datos distribuidas?

2.4. Define los siguientes tipos de transparencia de un sistema de bases de datos distribuidas:

a) Transparencia de distribución.

b) Transparencia de replicación.

c) Transparencia de fragmentación.

d) Transparencia de diseño y ejecución.

2.5. ¿Cuáles son las ventajas que aporta un sistema de bases de datos distribuidas frente a un sistema centralizado?

2.6. ¿Cuáles son los principales inconvenientes que presenta un sistema de bases de datos distribuidas?

2.7. ¿Cuáles son las funcionalidades que deben ofrecer las herramientas por las que se compone un SGBD distribuido?

2.8. Explica detalladamente en qué consisten y los tipos de SGBD clasificados según la distribución de los datos.

2.9. ¿En qué consiste la fragmentación vertical de los datos? ¿Qué requisitos deben cumplir los fragmentos de los atributos para poder darse este tipo de fragmentación?

2.10. ¿En qué consiste la fragmentación horizontal de los datos? ¿Qué tipos de fragmentación horizontal existen? ¿Cuáles son los requisitos que deben cumplir los fragmentos para poder darse este tipo de fragmentación?

2.11. ¿En qué consiste la fragmentación mixta? ¿Qué tipos de fragmentación mixta existen?

2.12. ¿Qué son y qué características cumplen las bases de datos homogéneas y heterogéneas?

2.13. ¿Qué es un SGBD federado? ¿Qué tipos de niveles de acoplamiento existen? ¿Cuáles son las ventajas y desventajas de los SGBD federados?

2.14. ¿Qué define la autonomía de los nodos? ¿Cuál es la clasificación existente de los SGBD según la autonomía?

2.15. ¿Cuántas reglas definió DATE para los SGBD distribuidos? ¿Cuál es la regla 0 y por qué es importante?

2.16. Explica brevemente cada una de las reglas de DATE.

2.17. ¿Qué beneficios aporta la replicación de datos en las bases de datos distribuidas? Por otro lado, ¿cuáles son los problemas que surgen de replicar los datos?

2.18. ¿En qué consiste la replicación síncrona? ¿Y la replicación asíncrona?

2.19. ¿Cuáles son los pasos que se llevan a cabo en entornos centralizados para el procesamiento de consultas? ¿Qué puntos extra hay que tener en cuenta en los entornos de bases de datos distribuidas?

2.20. ¿En qué consiste la descomposición de consultas globales? ¿Y la localización de los datos? ¿Y la optimización de consultas?

2.21. ¿Qué factores hay que tener en cuenta para realizar la optimización de consultas en bases de datos distribuidas?

3. Seguridad de los datos

Contenidos

Introducción

La seguridad de los datos en una organización es compleja, tanto desde el punto de vista técnico como desde el organizativo en la empresa o legal, por lo que es necesario establecer una política de seguridad en la que se definan los requisitos del sistema. En ella se refleja lo que está permitido y lo que no durante las operaciones realizadas en el sistema de información. Estas definiciones suelen ser de carácter general, por lo que es necesario refinarlos para definir las medidas que se van a implementar para situaciones concretas y que se reflejan en la política de la aplicación específica.

Las políticas de seguridad pueden ser prohibitivas cuando se establece que todo lo que no está expresamente permitido está denegado o prohibido; por otro lado, también pueden ser permisivas cuando se define que todo lo que no está expresamente denegado está permitido. Estableciéndose así, podemos decir que es el pilar fundamental en el que debe fundamentarse la política de seguridad para poder asegurar los datos que forman parte del sistema de información.

Como norma general, es conveniente prohibir todo como regla por defecto y permitir a cada rol de usuario acceder exactamente a la información que necesita. Por tanto, hablamos de usar como norma general una política de seguridad prohibitiva. Esta política de seguridad se aplica a todos los elementos o componentes que conforman el sistema de información.

Una aproximación a la definición de seguridad de los datos es: conjunto de mecanismos que permiten estructurar y controlar el acceso y modificación de los mismos sin necesidad de alterar el diseño del modelo de datos.

De una manera formal, y que sirve como introducción al siguiente punto de este capítulo, se define la seguridad de los datos como la práctica de actividades destinadas a la defensa de la información haciendo que preserve la confidencialidad, la integridad y la disponibilidad. Esto es aplicable a cualquier sistema de información, sin importar en qué tipo de soporte está almacenado (lógico o físico, papel o electrónico, etcétera).

3.1. Conceptos de seguridad de los datos: confidencialidad, integridad y disponibilidad

La seguridad de la información está destinada a la protección de los datos y a tratar de evitar la pérdida y las modificaciones no autorizadas de estos. Dicha protección debe garantizar tres requisitos fundamentales: confidencialidad, integridad y disponibilidad de los datos.

- **Confidencialidad**. Establece que solo pueden acceder a los datos las personas autorizadas, y esto debe preservarse tanto en el acceso a los datos como en la transferencia de los mismos.

- **Integridad**. Asegura la veracidad y mantiene inalterados los datos a través de todo su ciclo de vida, de forma que estos no se modifiquen de forma no autorizada y, en caso de ser modificados, siempre será de forma autorizada y quedará registrada toda la información implicada en cada modificación (usuario que realiza la modificación, fecha y hora, terminal desde el que se realiza la modificación y el dato anterior, etc.). Se ha de tener en cuenta que, en la actualidad, los datos almacenados en los sistemas de información no siempre los modifican personas y que pueden ser modificados por procesos programados para dicho fin y, por tanto, también será necesario establecer sistemas de autorización y registro de actividad para dichos procesos con el fin de preservar y asegurar la integridad de los datos.

- **Disponibilidad**. El principio de la disponibilidad consiste en que el servicio que se va a prestar esté a disposición cuando sea requerido y, en este caso, implica que los datos estén disponibles cuando sean requeridos y siempre que sea de forma autorizada. La disponibilidad implica que los sistemas informáticos utilizados para alojar y procesar la información estén disponibles y, por tanto, todos los componentes del sistema de información deben estar en funcionamiento. Es por ello que se recurre a sistemas de alta disponibilidad y se toman todas la medidas de seguridad físicas y lógicas necesarias para evitar la falta de disponibilidad.

Por tanto, la seguridad de los datos (seguridad de la información) es el conjunto de medidas de seguridad destinadas a preservar la confidencialidad, la integridad y la disponibilidad de los datos.

3.2. Normativa legal vigente sobre datos

3.2.1. Los datos de carácter personal y el derecho a la intimidad

La Ley Orgánica 3/2018, de 5 de diciembre, o Ley de Protección de Datos Personales y garantía de los derechos digitales (LOPDGDD) es aquella cuyo objetivo es adaptar la normativa española sobre protección de datos al Reglamento General de Protección de Datos (RGPD) europeo. Esta ley reemplaza a la derogada Ley Orgánica 15/1999 de Protección de Datos de Carácter Personal (LOPD) y la actualiza a una sociedad más digital. Además, tiene como objetivo adaptar la legislación al RGPD europeo que entró en vigor el 25 de mayo de 2018.

Esta definición deja claro que los datos de carácter personal no solo hacen referencia al nombre y los apellidos de las personas, sino que abarca un espectro de datos mucho más amplio. La Agencia Española de Protección de Datos (AEPD) apunta en su glosario de términos la siguiente definición:

«Cualquier información numérica, alfanumérica, gráfica, fotográfica, acústica o de cualquier otro tipo concerniente a personas físicas identificadas o identificables».

¿Por qué menciona «personas físicas identificadas o identificables»? La LOPD hace hincapié en ambos conceptos diferenciándolos según lo siguiente:

- **Información concerniente a personas físicas identificadas**. Se considera que una información hace referencia a una persona física identificada cuando dicha información indica directamente a qué se refiere sin necesidad de realizar averiguaciones posteriores. Un ejemplo de este tipo de datos es el documento nacional de identidad (DNI), que contiene información de carácter personal que identifica claramente a una persona física determinada.

- **Información concerniente a personas físicas identificables**. En este caso se refiere a información que hace referencia a una persona física a pesar de que a priori no nos indique a qué persona se refiere, pero la información que aporta es suficiente para saber o poder determinar su identidad.

La LOPDGDD tiene por objeto:

a) Adaptar el ordenamiento jurídico español al Reglamento (UE) 2016/679 del Parlamento Europeo y el Consejo, de 27 de abril de 2016, relativo a la protección de las personas físicas en lo que respecta al tratamiento de sus datos personales y a la libre circulación de estos datos, y completar sus disposiciones.

El derecho fundamental de las personas físicas a la protección de datos personales, amparado por el artículo 18.4 de la Constitución, se ejercerá con arreglo a lo establecido en el Reglamento (UE) 2016/679 y en esta ley orgánica.

b) Garantizar los derechos digitales de la ciudadanía conforme al mandato establecido en el artículo 18.4 de la Constitución.

3.2.2. Leyes de primera, segunda y tercera generación

Las leyes de protección de datos se clasifican en tres generaciones en función del momento en el que se elaboraron y de sus características.

- **Leyes de primera generación**. La primera generación surge tras la aprobación de la Ley del Land Hesse. Estas leyes se caracterizan por exigir una autorización previa para la creación de ficheros de datos y por crear autoridades de control encargadas de supervisar el tratamiento de los datos.

- **Leyes de segunda generación**. Se elaboraron tras la aprobación del Convenio 108 sobre Protección de Datos del Consejo de Europa. Se caracterizaron por una tendencia a la simplificación, por el abandono de los mecanismos previos de control y por la búsqueda de la autorregulación, de un equilibrio entre la protección de los derechos de los ciudadanos y el desarrollo de las nuevas tecnologías; esta fase destaca por la incorporación de los denominados «datos sensibles», por el reconocimiento y tutela de los derechos de los titulares de los datos y por la inclusión en algunas constituciones de los estados miembros del derecho a la protección de datos personales.

- **Leyes de tercera generación**. Nacen tras la aprobación de la Directiva 95/46/CE sobre Protección de Datos Personales. Las leyes de tercera generación se caracterizan por armonizar la libre circulación de datos y la defensa de los derechos de las personas, incrementando las medidas de seguridad; estas leyes, a diferencia de las anteriores, ya no se centran tanto en el uso de la informática como en la protección del individuo frente a la acumulación de datos personales.

3.2.3. Ley de protección de datos de carácter personal

En la actualidad, la ley de protección de datos de carácter personal que está en vigor en España es la Ley Orgánica 3/2018, de 5 de diciembre, o Ley de Protección de Datos Personales y garantía de los derechos digitales (LOPDGDD). En esta normativa se encuentran cambios significativos frente a la anterior normativa (Ley Orgánica 15/1999 de Protección de Datos de Carácter Personal, LOPD); dentro de los cuales, los más importantes son los siguientes:

- **Responsabilidad proactiva.** Los responsables del tratamiento de los datos deben demostrar que están aplicando medidas técnicas y organizativas para cumplir con la legislación vigente.

- **Consentimiento.** El consentimiento por parte de las personas a las que se les va a recopilar los datos debe ser expreso, inequívoco, explícito y voluntario.

- **Registro de actividades de tratamiento.** Los responsables del tratamiento de los datos han de llevar un registro de los datos tratados.

- **Obligación de informar.** Los responsables del tratamiento de datos han de informar sobre su identidad, qué tipo de datos van a almacenar, la finalidad de estos, el plazo de conservación de los mismos y si se realiza una cesión de los datos a terceras partes.

- **Notificar de falta de seguridad.** En caso de que se produzca una pérdida de los datos por robo o negligencia, se debe notificar en un plazo menor de 72 horas a la AEPD.

- **La figura del Delegado de Protección de Datos.** Debe existir esta figura, que es el responsable del tratamiento de los datos.

- **Derechos de los ciudadanos.** Los ciudadanos tienen ahora unos nuevos derechos que deben ser preservados. Estos derechos los veremos a continuación.

A continuación, se van a describir los diferentes derechos a partir de la información proporcionada por la AEPD (Agencia Española de Protección de Datos) que encontrarás en su página web: https://aepd.es/derechos-y-deberes/conoce-tus-derechos.

Derecho de acceso

El derecho de acceso es el derecho del ciudadano de dirigirse al responsable del tratamiento para conocer si están tratando o no sus datos de carácter personal y, en el caso de que se esté realizando dicho tratamiento, obtener la siguiente información:

- Una copia de los datos personales que son objeto del tratamiento.

- Los fines del tratamiento.

- Las categorías de datos personales que se traten.

- Los destinatarios o las categorías de destinatarios a los que se comunicaron o serán comunicados los datos personales, en particular, los destinatarios en países terceros u organizaciones internacionales.

- El plazo previsto de conservación de los datos personales o, si no es posible, los criterios utilizados para determinar este plazo.

- La existencia del derecho del interesado a solicitar al responsable: la rectificación o supresión de sus datos personales, la limitación del tratamiento de sus datos personales u oponerse a ese tratamiento.

- El derecho a presentar una reclamación ante una autoridad de control.

- Cuando los datos personales no se hayan obtenido directamente del ciudadano, cualquier información disponible sobre su origen.

- La existencia de decisiones automatizadas, incluida la elaboración de perfiles, y, al menos en tales casos, información significativa sobre la lógica aplicada, la importancia y las consecuencias previstas de ese tratamiento para el interesado.

- Cuando se transfieran datos personales a un tercer país o a una organización internacional, el ciudadano tiene derecho a ser informado de las garantías adecuadas en las que se realizan las transferencias.

Derecho de rectificación

El ejercicio de este derecho supone que el ciudadano podrá obtener la rectificación de los datos personales que sean inexactos sin dilación indebida del responsable del tratamiento.

Teniendo en cuenta los fines del tratamiento, tiene derecho a que se completen los datos personales que sean incompletos, inclusive mediante una declaración adicional.

Derecho de oposición

Este derecho supone que el ciudadano puede oponerse a que el responsable realice un tratamiento de los datos personales en los siguientes supuestos:

- Cuando sean objeto de tratamiento basado en una misión de interés público o en el interés legítimo, incluido la elaboración de perfiles:
  — El responsable dejará de tratar los datos salvo que acredite motivos imperiosos que prevalezcan sobre los intereses, derechos y libertades del interesado, o para la formulación, el ejercicio o la defensa de reclamaciones.
- Cuando el tratamiento tenga como finalidad la mercadotecnia directa, incluida también la elaboración de perfiles anteriormente citada:
  — Ejercitado este derecho para esta finalidad, los datos personales dejarán de ser tratados para dichos fines.

Derecho a supresión (derecho al olvido)

El ciudadano podrá ejercitar este derecho ante la persona responsable solicitando la supresión de sus datos de carácter personal cuando concurra alguna de las siguientes circunstancias:

- Si los datos personales ya no son necesarios en relación con los fines para los que fueron recogidos o tratados de otro modo.
- Si el tratamiento de los datos personales se ha basado en el consentimiento que el ciudadano prestó a la persona responsable, y retira el mismo, siempre que el citado tratamiento no se base en otra causa que lo legitime.
- Si el ciudadano se ha opuesto al tratamiento de sus datos personales al ejercitar el derecho de oposición en las siguientes circunstancias:
  — El tratamiento de la persona responsable se fundamenta en el interés legítimo o en el cumplimiento de una misión de interés público, y no han prevalecido otros motivos para legitimar el tratamiento de sus datos.
  — A que sus datos personales sean objeto de mercadotecnia directa, incluyendo la elaboración de perfiles relacionados con la citada mercadotecnia.
- Si sus datos personales han sido tratados ilícitamente.
- Si sus datos personales deben suprimirse para el cumplimiento de una obligación legal establecida en el derecho de la Unión o de los Estados miembros que se aplique a la persona responsable del tratamiento.

- Si los datos personales se han obtenido en relación con la oferta de servicios de la sociedad de la información mencionados en el artículo 8, apartado 1.

Este derecho no es ilimitado, de tal forma que puede ser factible no proceder a la supresión cuando el tratamiento sea necesario para el ejercicio de la libertad de expresión e información, para el cumplimiento de una obligación legal, para el cumplimiento de una misión realizada en interés público o en el ejercicio de poderes públicos conferidos a la persona responsable, por razones de interés público, en el ámbito de la salud pública, con fines de archivo de interés público, fines de investigación científica o histórica o fines estadísticos, o para la formulación, el ejercicio o la defensa de reclamaciones.

Derecho a la limitación del tratamiento

Este derecho consiste en que el ciudadano obtenga la limitación del tratamiento de sus datos que realiza el responsable.

- Puede solicitar la suspensión del tratamiento de sus datos:
  — Cuando impugne la exactitud de sus datos personales, durante un plazo que permita al responsable su verificación.
  — Cuando se haya opuesto al tratamiento de sus datos personales que el responsable realiza en función del interés legítimo o misión de interés público, mientras aquel verifica si estos motivos prevalecen sobre los tuyos.
- Solicitar al responsable la conservación sus datos:
  — Cuando el tratamiento sea ilícito y se ha opuesto a la supresión de sus datos y en su lugar solicitar la limitación de su uso.
  — Cuando el responsable ya no necesite los datos personales para los fines del tratamiento, pero el interesado los necesite para la formulación, el ejercicio o la defensa de reclamaciones.

Derecho a la portabilidad

La finalidad de este derecho es reforzar aún más el control de sus datos personales, de forma que cuando el tratamiento se efectúe por medios automatizados, reciba sus datos personales en un formato estructurado, de uso común, de lectura mecánica e interoperable, y pueda transmitirlos a otro responsable del tratamiento, siempre que el tratamiento se legitime en función del consentimiento o en el marco de la ejecución de un contrato.

No obstante, este derecho, por su propia naturaleza, no se puede aplicar cuando el tratamiento sea necesario para el cumplimiento de una misión de interés público o en el ejercicio de poderes públicos conferidos al responsable.

Derecho a no ser objeto de decisiones individuales automatizadas

Este derecho pretende garantizar que el ciudadano no sea objeto de una decisión basada únicamente en el tratamiento de sus datos, incluida la elaboración de perfiles, que produzca efectos jurídicos sobre él o le afecte significativamente de forma similar.

Sobre esta elaboración de perfiles, se trata de cualquier forma de tratamiento de sus datos personales que evalúe aspectos personales, en particular analizar o predecir aspectos relacionados con su rendimiento en el trabajo, situación económica, salud, las preferencias o intereses personales, fiabilidad o el comportamiento.

Este derecho no será aplicable cuando:

- Sea necesario para la celebración o ejecución de un contrato entre el ciudadano y el responsable.

- El tratamiento de sus datos se fundamente en su consentimiento prestado previamente.

Derecho de información

Para dar cumplimiento a este derecho, la AEPD recomienda que esta información se le facilite al ciudadano por capas o niveles de manera que:

- Se le facilite al ciudadano información básica en un primer nivel, de forma resumida, en el mismo momento y en el mismo medio en que se recojan sus datos personales.

- Se le remita el resto de las información, en un medio más adecuado para su presentación, compresión y, si se desea, archivo.

La información que se va a facilitar por capas o niveles sería la siguiente:

1.ª capa: Información básica (resumida):

- La identidad del responsable del tratamiento.

- Una descripción sencilla de los fines del tratamiento, incluyendo la elaboración de perfiles si existiese.

- La base jurídica del tratamiento.

- Previsión o no de cesiones. Previsión o no de transferencias a terceros países.

- Referencia al ejercicio de derechos.

2.ª capa: Información adicional (detallada):

- Datos de contacto del responsable. Identidad y datos del representante (si existiese). Datos de contacto del delegado de protección de datos (si existiese).

- Descripción ampliada de los fines del tratamiento. Plazos o criterios de conservación de los datos. Decisiones automatizadas, perfiles y lógica aplicada.

- Detalle de la base jurídica del tratamiento, en los casos de obligación legal, interés público o interés legítimo. Obligación o no de facilitar datos y consecuencias de no hacerlo.

- Destinatarios o categorías de destinatarios. Decisiones de adecuación, garantías, normas corporativas vinculantes o situaciones específicas aplicables.

- Cómo ejercer los derechos de acceso, rectificación, supresión y portabilidad de los datos, y la limitación u oposición a su tratamiento.

- Derecho a retirar el consentimiento prestado. Derecho a reclamar ante la autoridad de control.

En el supuesto en que los datos personales del ciudadano no hayan sido obtenidos directamente de él, se le facilitará, además de la información indicada anteriormente:

En la información básica (1.ª capa, resumida):

- La fuente (procedencia) de los datos.

En la información adicional (2.ª capa, detallada):

- La información detallada del origen de los datos, incluso si proceden de fuentes de acceso público.

- La categoría de datos que se traten.

Infracciones y sanciones en la LOPDGDD

El reglamento de desarrollo de la LOPDGDD en el artículo 71 describe lo que se considera una infracción: «Constituyen infracciones los actos y conductas a las que se refieren los apartados 4, 5 y 6 del artículo 83 del Reglamento (UE) 2016/679, así como las que resulten contrarias a la presente ley orgánica».

En la propia LOPDGDD se describen tres niveles de infracciones (leves, graves y muy graves) en los artículos 72, 73 y 74. Aunque no se describen exhaustivamente, sí permiten desarrollar un marco de acciones en el tratamiento de los datos que conllevan infracciones. A continuación, describimos los casos que marca la normativa por niveles:

- Leves:
  - El incumplimiento del principio de transparencia de la información o el derecho de información del afectado por no facilitar toda la información.
  - La exigencia del pago de un canon para facilitar al afectado la información o por atender las solicitudes de ejercicio de derechos de los afectados.

— No atender las solicitudes de ejercicio de los derechos, salvo que resultase de aplicación lo dispuesto en el artículo 72.1.k) de esta ley orgánica.

— No atender los derechos de acceso, rectificación, supresión, limitación del tratamiento o a la portabilidad de los datos en tratamientos, en los que no se requiere la identificación del afectado, cuando este, para el ejercicio de esos derechos, haya facilitado información adicional que permita su identificación, salvo que resultase de aplicación lo dispuesto en el artículo 73 c) de esta ley orgánica.

— El incumplimiento de la obligación de notificación relativa a la rectificación o supresión de datos personales o la limitación del tratamiento.

— El incumplimiento de la obligación de informar al afectado, cuando así lo haya solicitado, de los destinatarios a los que se hayan comunicado los datos personales rectificados, suprimidos o respecto de los que se ha limitado el tratamiento.

— El incumplimiento de la obligación de suprimir los datos referidos a una persona fallecida cuando ello fuera exigible.

— La falta de formalización por los corresponsables del tratamiento del acuerdo que determine las obligaciones, funciones y responsabilidades respectivas con respecto al tratamiento de datos personales y sus relaciones con los afectados o la inexactitud en la determinación de las mismas.

— No poner a disposición de los afectados los aspectos esenciales del acuerdo formalizado entre los corresponsables del tratamiento.

— La falta del cumplimiento de la obligación del encargado del tratamiento de informar al responsable del tratamiento acerca de la posible infracción por una instrucción recibida de este de las disposiciones del Reglamento (UE) 2016/679 o de esta ley orgánica.

— El incumplimiento por el encargado de las estipulaciones impuestas en el contrato o acto jurídico que regula el tratamiento o las instrucciones del responsable del tratamiento, salvo que esté legalmente obligado a ello.

— Disponer de un registro de actividades de tratamiento que no incorpore toda la información exigida.

— La notificación incompleta, tardía o defectuosa a la autoridad de protección de datos de la información relacionada con una violación de seguridad de los datos personales.

— El incumplimiento de la obligación de documentar cualquier violación de seguridad.

— El incumplimiento del deber de comunicación al afectado de una violación de la seguridad de los datos que entrañe un alto riesgo para los derechos y libertades de los afectados.

— Facilitar información inexacta a la autoridad de protección de datos, en los supuestos en los que el responsable del tratamiento deba elevarle una consulta previa.

— No publicar los datos de contacto del Delegado de Protección de Datos, o no comunicarlos a la autoridad de protección de datos, cuando su nombramiento sea exigible.

— El incumplimiento por los organismos de certificación de la obligación de informar a la autoridad de protección de datos de la expedición, renovación o retirada de una certificación.

— El incumplimiento por parte de los organismos acreditados de supervisión de un código de conducta de la obligación de informar a las autoridades de protección de datos acerca de las medidas que resulten oportunas en caso de infracción del código.

- **Graves:**

  — El tratamiento de datos personales de un menor de edad sin recabar su consentimiento, cuando tenga capacidad para ello, o el del titular de su patria potestad o tutela.

  — No acreditar la realización de esfuerzos razonables para verificar la validez del consentimiento prestado por un menor de edad o por el titular de su patria potestad o tutela sobre el mismo.

  — El impedimento o la obstaculización o la no atención reiterada de los derechos de acceso, rectificación, supresión, limitación del tratamiento o a la portabilidad de los datos en tratamientos en los que no se requiere la identificación del afectado, cuando este, para el ejercicio de esos derechos, haya facilitado información adicional que permita su identificación.

  — La falta de adopción de aquellas medidas técnicas y organizativas que resulten apropiadas para aplicar de forma efectiva los principios de protección de datos desde el diseño, así como la no integración de las garantías necesarias en el tratamiento.

  — La falta de adopción de las medidas técnicas y organizativas apropiadas para garantizar que, por defecto, solo se tratarán los datos personales necesarios para cada uno de los fines específicos del tratamiento.

— La falta de adopción de aquellas medidas técnicas y organizativas que resulten apropiadas para garantizar un nivel de seguridad adecuado al riesgo del tratamiento.

— El quebrantamiento, como consecuencia de la falta de la debida diligencia, de las medidas técnicas y organizativas que se hubiesen implantado.

— El incumplimiento de la obligación de designar un representante del responsable o encargado del tratamiento no establecido en el territorio de la Unión Europea.

— La falta de atención por el representante en la Unión del responsable o del encargado del tratamiento de las solicitudes efectuadas por la autoridad de protección de datos o por los afectados.

— La contratación por el responsable del tratamiento de un encargado de tratamiento que no ofrezca las garantías suficientes para aplicar las medidas técnicas y organizativas apropiadas.

— Encargar el tratamiento de datos a un tercero sin la previa formalización de un contrato u otro acto jurídico escrito.

— La contratación por un encargado del tratamiento de otros encargados sin contar con la autorización previa del responsable, o sin haberle informado sobre los cambios producidos en la subcontratación cuando fueran legalmente exigibles.

— La infracción por un encargado del tratamiento de lo dispuesto en el Reglamento (UE) 2016/679 y en la presente ley orgánica, al determinar los fines y los medios del tratamiento.

— No disponer del registro de actividades de tratamiento.

— No poner a disposición de la autoridad de protección de datos que lo haya solicitado, el registro de actividades de tratamiento.

— No cooperar con las autoridades de control en el desempeño de sus funciones en los supuestos no previstos.

— El tratamiento de datos personales sin llevar a cabo una previa valoración.

— El incumplimiento del deber del encargado del tratamiento de notificar al responsable del tratamiento las violaciones de seguridad de las que tuviera conocimiento.

— El incumplimiento del deber de notificación a la autoridad de protección de datos de una violación de seguridad de los datos personales.

— El incumplimiento del deber de comunicación al afectado de una violación de la seguridad de los datos.

— El tratamiento de datos personales sin haber llevado a cabo la evaluación del impacto de las operaciones de tratamiento en la protección de datos personales en los supuestos en que la misma sea exigible.

— El tratamiento de datos personales sin haber consultado previamente a la autoridad de protección de datos en los casos en que dicha consulta resulta preceptiva.

— El incumplimiento de la obligación de designar un Delegado de Protección de Datos cuando sea exigible su nombramiento.

— No posibilitar la efectiva participación del Delegado de Protección de Datos en todas las cuestiones relativas a la protección de datos personales, no respaldarlo o interferir en el desempeño de sus funciones.

— La utilización de un sello o certificación en materia de protección de datos que no haya sido otorgado por una entidad de certificación debidamente acreditada o en caso de que la vigencia del mismo hubiera expirado.

— Obtener la acreditación como organismo de certificación presentando información inexacta.

— El desempeño de funciones que el Reglamento (UE) 2016/679 reserva a los organismos de certificación, sin haber sido debidamente acreditado.

— El incumplimiento por parte de un organismo de certificación de los principios y deberes a los que está sometido.

— El desempeño de funciones que el artículo 41 del Reglamento (UE) 2016/679 reserva a los organismos de supervisión de códigos de conducta sin haber sido previamente acreditado por la autoridad de protección de datos competente.

— La falta de adopción por parte de los organismos acreditados de supervisión de un código de conducta de las medidas que resulten oportunas en caso que se hubiera producido una infracción del código.

- **Muy graves:**

    — El tratamiento de datos personales vulnerando los principios y garantías establecidos en el artículo 5 del Reglamento (UE) 2016/679.

    — El tratamiento de datos personales sin que concurra alguna de las condiciones de licitud del tratamiento establecidas en el artículo 6 del Reglamento (UE) 2016/679.

— El incumplimiento de los requisitos exigidos por el artículo 7 del Reglamento (UE) 2016/679 para la validez del consentimiento.

— La utilización de los datos para una finalidad que no sea compatible con la finalidad para la cual fueron recogidos, sin contar con el consentimiento del afectado o con una base legal para ello.

— El tratamiento de datos personales de las categorías a las que se refiere el artículo 9 del Reglamento (UE) 2016/679, sin que concurra alguna de las circunstancias previstas en dicho precepto y en el artículo 9 de esta ley orgánica.

— El tratamiento de datos personales relativos a condenas e infracciones penales o medidas de seguridad conexas fuera de los supuestos permitidos.

— El tratamiento de datos personales relacionados con infracciones y sanciones administrativas fuera de los supuestos permitidos por el artículo 27 de esta ley orgánica.

— La omisión del deber de informar al afectado acerca del tratamiento de sus datos personales.

— La vulneración del deber de confidencialidad establecido en el artículo 5 de esta ley orgánica.

— La exigencia del pago de un canon para facilitar al afectado la información a la que se refieren los artículos 13 y 14 del Reglamento (UE) 2016/679 o por atender las solicitudes de ejercicio de derechos de los afectados previstos en los artículos 15 a 22 del Reglamento (UE) 2016/679, fuera de los supuestos establecidos en su artículo 12.5.

— El impedimento o la obstaculización o la no atención reiterada del ejercicio de los derechos establecidos en los artículos 15 a 22 del Reglamento (UE) 2016/679.

— La transferencia internacional de datos personales a un destinatario que se encuentre en un tercer país o a una organización internacional, cuando no concurran las garantías, requisitos o excepciones establecidos en los artículos 44 a 49 del Reglamento (UE) 2016/679.

— El incumplimiento de las resoluciones dictadas por la autoridad de protección de datos competente en ejercicio de los poderes que le confiere el artículo 58.2 del Reglamento (UE) 2016/679.

— El incumplimiento de la obligación de bloqueo de los datos establecida en el artículo 32 de esta ley orgánica cuando la misma sea exigible.

- No facilitar el acceso del personal de la autoridad de protección de datos competente a los datos personales, información, locales, equipos y medios de tratamiento que sean requeridos por la autoridad de protección de datos para el ejercicio de sus poderes de investigación.

- La resistencia u obstrucción del ejercicio de la función inspectora por la autoridad de protección de datos competente.

- La reversión deliberada de un procedimiento de anonimización a fin de permitir la reidentificación de los afectados.

- Tendrán la misma consideración las infracciones a las que se refiere el artículo 83.6 del Reglamento (UE) 2016/679.

A continuación, se muestra una tabla resumen de las sanciones y los tiempos de prescripción según el tipo de infracción.

Tabla 3.1. Relación de las sanciones y los tiempos de prescripción según el tipo de infracción

Tipo de infracción	Sanciones según RGPD y LOPDGDD
Infracciones leves	• Hasta 40 000 € sin cantidad mínimo. • Prescripción: 1 año.
Infracciones graves	• Mínimo entre 40 001 € y 300 000 €. • Máximo: importe más elevado entre 10 000 000 € y el 2 % del total de la facturación mundial anual del ejercicio financiero anterior. • Prescripción: 2 años
Infracciones muy graves	• Mínimo: 300 001 € • Máximo: importe más elevado entre 20 000 000 € y el 4 % del total de la facturación mundial anual del ejercicio financiero anterior. • Prescripción: 3 años.

Delegado de Protección de Datos

Una de las figuras más importantes que introduce el RGPD (artículos 37, 38 y 39) y la LOPDGDD es la del **Delegado de Protección de Datos** *(data protection officer),* la cual es encargada del tratamiento sobre las obligaciones legales en materia de protección de datos. Esta figura es la responsable de supervisar y velar por el cumplimiento de la normativa, así como de cooperar con las autoridades de control en el tratamiento de datos.

Es importante resaltar que los datos de contacto del Delegado de Protección de Datos deben ser públicos, para que cualquiera pueda contactar con él y tratar temas de protección de datos de manera directa y confidencial.

El artículo 39 del RGPD define las funciones del Delegado de Protección de Datos:

a) Informar y asesorar al responsable o al encargado del tratamiento y a los empleados que se ocupen del tratamiento de las obligaciones que les incumben en virtud del presente Reglamento y de otras disposiciones de protección de datos de la Unión o de los Estados miembros.

b) Supervisar el cumplimiento de lo dispuesto en el presente Reglamento, de otras disposiciones de protección de datos de la Unión o de los Estados miembros y de las políticas del responsable o del encargado del tratamiento en materia de protección de datos personales, incluida la asignación de responsabilidades, la concienciación y formación del personal que participa en las operaciones de tratamiento, y las auditorías correspondientes.

c) Ofrecer el asesoramiento que se le solicite acerca de la evaluación de impacto relativa a la protección de datos y supervisar su aplicación de conformidad con el artículo 35.

d) Cooperar con la autoridad de control.

e) Actuar como punto de contacto de la autoridad de control para cuestiones relativas al tratamiento, incluida la consulta previa a que se refiere el artículo 36, y realizar consultas, en su caso, sobre cualquier otro asunto.

La designación del Delegado de Protección de Datos tiene unos requisitos específicos que se describen en los puntos 5 y 6 del artículo 37 del RGPD:

5. El delegado de protección de datos será designado atendiendo a sus cualidades profesionales y, en particular, a sus conocimientos especializados del Derecho y la práctica en materia de protección de datos y a su capacidad para desempeñar las funciones indicadas en el artículo 39.

6. El delegado de protección de datos podrá formar parte de la plantilla del responsable o del encargado del tratamiento o desempeñar sus funciones en el marco de un contrato de servicios.

Por otro lado, el artículo 34 de la LOPDGDD describe las actividades y empresas en las que es necesario que la empresa cuente con un Delegado de Protección de Datos:

a) Los colegios profesionales y sus consejos generales.

b) Los centros docentes que ofrezcan enseñanzas en cualquiera de los niveles establecidos en la legislación reguladora del derecho a la educación, así como las Universidades públicas y privadas.

c) Las entidades que exploten redes y presten servicios de comunicaciones electrónicas conforme a lo dispuesto en su legislación específica, cuando traten habitual y sistemáticamente datos personales a gran escala.

d) Los prestadores de servicios de la sociedad de la información cuando elaboren a gran escala perfiles de los usuarios del servicio.

e) Las entidades incluidas en el artículo 1 de la Ley 10/2014, de 26 de junio, de ordenación, supervisión y solvencia de entidades de crédito.

f) Los establecimientos financieros de crédito.

g) Las entidades aseguradoras y reaseguradoras.

h) Las empresas de servicios de inversión, reguladas por la legislación del mercado de valores.

i) Los distribuidores y comercializadores de energía eléctrica y los distribuidores y comercializadores de gas natural.

j) Las entidades responsables de ficheros comunes para la evaluación de la solvencia patrimonial y crédito o de los ficheros comunes para la gestión y prevención del fraude, incluyendo a los responsables de los ficheros regulados por la legislación de prevención del blanqueo de capitales y de la financiación del terrorismo.

k) Las entidades que desarrollen actividades de publicidad y prospección comercial, incluyendo las de investigación comercial y de mercados, cuando lleven a cabo tratamientos basados en las preferencias de los afectados o realicen actividades que impliquen la elaboración de perfiles de los mismos.

l) Los centros sanitarios legalmente obligados al mantenimiento de las historias clínicas de los pacientes. Se exceptúan los profesionales de la salud que, aun estando legalmente obligados al mantenimiento de las historias clínicas de los pacientes, ejerzan su actividad a título individual.

m) Las entidades que tengan como uno de sus objetos la emisión de informes comerciales que puedan referirse a personas físicas.

n) Los operadores que desarrollen la actividad de juego a través de canales electrónicos, informáticos, telemáticos e interactivos, conforme a la normativa de regulación del juego.

o) Las empresas de seguridad privada.

p) Las federaciones deportivas cuando traten datos de menores de edad.

3.2.4. La Agencia de Protección de Datos

La Agencia Española de Protección de Datos (AEPD) fue creada en 1993 a partir de la LOPD para velar por el cumplimiento de esta ley. La agencia tiene su sede en Madrid y su ámbito de actuación se extiende por toda España. Además, existen diferentes agencias autonómicas como son la de Cataluña y el País Vasco, cuyo ámbito de actuación está limitado a dichas comunidades autónomas. Esta agencia actúa con independencia de la Administración pública, y lo hace principalmente a partir de instancias de los ciudadanos. No obstante, también es posible que actúe de oficio. Algunas de las principales funciones que cubre la AEPD son las siguientes:

- Velar por el cumplimiento de las leyes relacionadas con la protección de datos. En la actualidad, LOPDGDD y RGPD europeo.

- Comprobar que se aplica correctamente la LOPDGDD y RGPD europeo.

- Sancionar en cumplimiento de la LOPDGDD y RGPD europeo.

- Emitir autorizaciones previstas en la LOPDGDD y RGPD europeo.

- Requerir medidas de corrección en la manipulación de los datos.

- Ordenar el cese en el tratamiento y la cancelación de los datos en caso de encontrar ilegalidad en los procedimientos.

- Solicitar a los responsables de los ficheros la información y ayuda necesaria para el correcto desempeño de las funciones de la agencia.

- Atender a las peticiones y reclamaciones de los afectados.

- Proporcionar información de los derechos descritos en la LOPDGDD y el RGPD europeo.

- Promover campañas de difusión de la LOPDGDD y RGPD europeo.

3.2.5. Registro General de Protección de Datos

El Registro General de Protección de Datos era el órgano de la Agencia Española de Protección de Datos, en el que las empresas y las administraciones debían inscribir los ficheros en los que almacenaban los datos personales de sus usuarios. No obstante, con la entrada en vigor del Reglamento General de Protección de Datos en 2018, este órgano perdió sus funciones, y el reglamento cambió cómo se deben almacenar los datos de los ciudadanos.

No obstante, el nuevo reglamento exige a los responsables de los datos que mantengan registros de actividades. Además, se debe colaborar con las autoridades de control que realizará inspecciones para supervisar que se hace un buen tratamiento de los datos.

El contenido mínimo que debe ser tenido en cuenta por el responsable según el RGPD y la LOPDGDD es la siguiente:

- El nombre y los datos de contacto del responsable y, en su caso, del corresponsable, del representante del responsable, y del delegado de protección de datos.

- Los fines del tratamiento.

- Una descripción de las categorías de interesados y de las categorías de datos personales.

- Las categorías de destinatarios a quienes se comunicaron o comunicarán los datos personales, incluidos los destinatarios en terceros países u organizaciones internacionales.

- En su caso, las transferencias de datos personales a un tercer país o una organización internacional, incluida la identificación de dicho tercer país u organización internacional.

- Cuando sea posible, los plazos previstos para la supresión de las diferentes categorías de datos.

- Cuando sea posible, una descripción general de las medidas técnicas y organizativas de seguridad.

3.2.6. Argumentación desde un punto de vista legal las posibles implicaciones legales que tiene que tener en cuenta un administrador de bases de datos en su trabajo diario

Es necesario definir quién es el responsable del fichero y quién el encargado del mismo.

- **Responsable del fichero**. El responsable del fichero o de su tratamiento es la persona o el órgano administrativo que decide sobre la finalidad, el contenido y el uso del tratamiento de los datos personales.

  Ejemplo. Una empresa será la responsable de los ficheros que contienen datos relativos a sus empleados y a sus clientes; un autónomo o empresario individual será responsable del tratamiento de los datos personales de sus clientes, un hotel será responsable del fichero de sus huéspedes; una biblioteca será responsable del fichero de sus socios; un centro educativo será responsable del fichero de sus alumnos, un ayuntamiento será responsable del fichero del padrón.

  Las principales obligaciones establecidas por la LOPD recaen sobre el responsable del fichero; y al que le corresponde velar por el cumplimiento de la ley en su organización. Entre sus obligaciones destacan:

— Notificar los ficheros ante el Registro General de Protección de Datos para que se proceda a su inscripción.

— Asegurarse de que los datos sean adecuados y veraces, obtenidos lícita y legítimamente y tratados de modo proporcional a la finalidad para la que fueron recabados.

— Garantizar el cumplimiento de los deberes de secreto y seguridad.

3.2.6.1. TIPOS DE AMENAZAS A LA SEGURIDAD

Existen diversos tipos de amenazas que afectan a la seguridad de un sistema de información y, en general, a los sistemas informáticos. Estos pueden deberse a motivos de índole diferente, ya sea de manera intencionada o no, por lo que según esto, se agrupan en dos grandes grupos: las amenazas que surgen por vulnerabilidades provocadas por errores accidentales y las que se explotan de forma intencionada.

3.2.6.1.1. Accidentales: errores humanos, fallos *software/hardware*

Las amenazas accidentales son aquellas producidas por acciones que, a pesar de no buscar la explotación de vulnerabilidades, ocasionan la exposición de la información e incluso producir la alteración y/o pérdida de la misma.

Es muy importante ser conscientes de que aún siendo amenazas accidentales, estas pueden afectar a la disponibilidad, la confidencialidad y la integridad de la información.

Dentro de las amenazas accidentales, podemos encontrar las producidas por:

- **Errores humanos**. Estos errores, aun sin ser intencionados, pueden provocar daños irreparables o exponer la información. Estos fallos suelen derivar de falta de formación de los usuarios, negligencias no intencionadas, usuarios que sin saberlo han sido inducidos por un tercero a exponer o borrar datos, no bloquear la sesión cuando no están delante de la computadora, usuarios que pueden dejar a la vista datos de conexión al sistema e, incluso, la pérdida de un soporte de almacenamiento con información, entre otros.

- **Errores *hardware***. Son errores que pueden afectar a la vulnerabilidad del sistema y que no son intencionadas. Generalmente derivan de defectos de fabricación, errores de diseño en el sistema que implica la implantación de elementos de *hardware* inadecuados, falta de mantenimiento, elementos *hardware* que se averían, etcétera.

- **Errores *software***. Los provocan aplicaciones que por algún motivo no intencionado pueden generar pérdida o exposición de los datos a personas no autorizadas. Pueden estar relacionadas con:

— **Sistema operativo**. A menudo los sistemas operativos tienen fallos de seguridad que, una vez son detectados, el fabricante desarrolla una actualización o parche que solventa dicho fallo y publica tanto el fallo como la solución; en el lapso de tiempo hasta que se resuelve el fallo el sistema es vulnerable.

— *Software* **de aplicación**. Una aplicación que accede al sistema de información mal diseñada o mal desarrollada puede provocar que se vea comprometida la seguridad de los datos. Esto ocurre cuando el diseño de la aplicación no cumple con los estándares de seguridad requeridos.

Cabe recordar que, además de las amenazas accidentales mencionadas, es frecuente que se produzcan otras amenazas accidentales que vulneren la seguridad de los datos, como es el caso los accidentes o desastres naturales, como tormentas eléctricas, incendios, terremotos, inundaciones, roturas provocadas por animales, etc. Estos pueden provocar la alteración de los datos debido a errores en la transmisión por los medios de comunicación afectados, por errores de escritura, por fallos en los dispositivos de almacenamiento, también pueden ocasionar exposición de los datos a personas sin autorización. Es lógico pensar que, a pesar de que los desastres naturales son accidentales, pueden ser aprovechados para tener acceso a la información. Estos accidentes naturales también pueden afectar a la disponibilidad de los datos si el sistema no está correctamente diseñado y no tiene implantado un sistema de alta disponibilidad de forma correcta.

3.2.6.1.2. Intencionadas: ataques directos e indirectos

Son las amenazas que mediante acciones de forma deliberada afectan a la disponibilidad, confidencialidad y/o integridad de la información.

Pueden ser ataques directos o indirectos.

- **Ataques directos**. Son aquellos que se realizan con las acciones frontales de personas que pretenden acceder al sistema de forma no autorizada o provocar un mal funcionamiento mediante el uso de acciones directas contra el sistema de información. A continuación se describen algunos de los ataques más frecuentes:

  — **Mediante el uso de programas maliciosos**. Son programas o aplicaciones diseñados para explotar una vulnerabilidad del sistema de información.

  — **Fuerza bruta**. Estos ataques tratan de averiguar las credenciales de acceso al sistema probando todas las combinaciones posibles hasta encontrarlas y obtener el acceso al sistema.

  — **Denegación de servicios (***Denial of Service,* **DoS)**. Se trata de un ataque a una computadora o una red que provoca que un recurso o la propia red quede fuera de servicio. Una variante es el ataque distribuido de denegación de servicio

(*Distributed Denial of Service*, DoS), que consiste en generar la sobrecarga desde varios puntos de conexión, convirtiéndolo en un ataque más efectivo.

— **Acceso a las instalaciones**. Es un ataque externo debido a que lo realiza personal ajeno a la empresa u organización, pero lo hace desde dentro las instalaciones, para lo cual debe acceder a ellas.

— **Personal interno**. Son ataques realizados por personal interno de la empresa u organización con el fin de provocar un daño por descontento con la empresa, por robo de datos para lucrarse, espionaje o cualquier otra motivación.

- **Ataques indirectos**. Son acciones en las que la persona que genera el ataque involucra a personal de la empresa u organización, mediante el engaño, para obtener el acceso al sistema. Un claro ejemplo de este tipo de ataques son:

— **Ingeniería social**. Es una práctica basada en la manipulación mediante el engaño de los usuarios, generalmente por teléfono, simulando ser técnico de la organización o un compañero, y de esta forma obtener información o las credenciales para un acceso al sistema. Se basa en el principio de que en cualquier sistema el eslabón más débil es el usuario.

— **Caballo de Troya**. Consiste en la presentación de una aplicación atractiva para el usuario, que no se presenta como dañina, pero que al ejecutarla está dando acceso remoto no autorizado al asaltante.

3.2.6.2. POLÍTICAS DE SEGURIDAD ASOCIADAS A BASES DE DATOS

En general, una política de seguridad es un documento que refleja la definición de la seguridad de la información desde el enfoque de una determinada entidad.

En la RFC 1244, la política de seguridad se define como una declaración de intenciones de alto nivel que cubre la seguridad de los sistemas informáticos y que proporciona las bases para definir y delimitar responsabilidades para las diversas actuaciones técnicas y organizativas que se requieran.

La política se refleja en una serie de normas, reglamentos y protocolos que se deben seguir, donde se definen las medidas que hay que tomar para proteger la seguridad del sistema. Toda política de seguridad debe ser coherente y no incurrir en medidas desmesuradas ni contradictorias. Por tanto, deben cumplir estas cuatro reglas básicas:

- Cubrir todos los aspectos relacionados con la misma. Por ejemplo, no tiene sentido proteger el acceso con una puerta blindada si esta no se cierra con llave.

- Adecuarse a las necesidades y recursos. Por ejemplo, no tiene sentido adquirir una caja fuerte para proteger un objeto que apenas tiene valor.

- Tiene que ser atemporal. El tiempo en el que se aplica no debe influir en su eficacia ni eficiencia.

- Definir estrategias y criterios generales que se deben adoptar en distintas funciones y actividades, donde se conocen las alternativas ante circunstancias repetidas.

Cualquier política de seguridad ha de contemplar los elementos claves de seguridad ya mencionados: la **integridad**, **disponibilidad**, **privacidad** y, adicionalmente, **control**, **autenticidad** y **utilidad**.

No debe tratarse de una descripción técnica de mecanismos de seguridad, ni de una expresión legal, ni una lista de sanciones a conductas de los empleados. Es más bien una descripción de lo que necesita proteger y el porqué.

El principal objetivo de la política de seguridad de una base de datos es preservar la disponibilidad, la integridad y la confidencialidad. Por ello, el documento de alto nivel que refleja la política de seguridad de una base de datos deberá contener, al menos, los siguientes aspectos:

- **Control de accesos**. El acceso a los sistemas de información deberá contar con los privilegios o niveles de seguridad de acceso suficientes para garantizar la seguridad total de la información. Los niveles de seguridad de acceso deberán ser controlados por un administrador único y poder ser manipulados por *software*.

- **Privilegios de usuario**. Se deben delimitar las responsabilidades sobre quién está autorizado a consultar y/o modificar en cada caso la información, tomando las medidas de seguridad pertinentes.

- **Salvaguarda de datos**. Los datos de los sistemas de información deben ser respaldados de acuerdo a la frecuencia de actualización de sus datos, guardando respaldos históricos periódicamente. Es imprescindible llevar un registro de las copias de seguridad realizadas y, asimismo, dichas copias de seguridad deberán guardarse en un lugar de acceso restringido con condiciones ambientales suficientes para garantizar su conservación.

- **Cifrado de datos**. Los ficheros de la base de datos deben estar albergados en sistemas de almacenamiento cifrados y las transmisiones de los datos deben realizarse por conexiones cifradas.

- **Monitorización**. Los sistemas de información deben contemplar el registro histórico de las transacciones sobre datos relevantes, así como la clave del usuario y fecha en que se realizó (normas básicas de auditoría y control).

- **Integridad**. Se deben implantar rutinas periódicas de auditoría a la integridad de los datos y de los programas de cómputo para garantizar su confiabilidad.

3.2.6.2.1. Perfiles de usuario

Los perfiles de usuario se utilizan para limitar los recursos que los usuarios pueden usar de una base de datos. Un usuario solo puede tener un perfil al mismo tiempo. Para poder asignarle un perfil a un usuario, es necesario que dicho perfil exista. Los recursos que pueden limitarse mediante el uso de perfiles son:

- **Referentes al manejo de contraseñas:**

  — Número consecutivo de errores en las contraseñas antes de proceder al bloqueo de la cuenta de usuario. (FAILED_LOGIN_ATTEMPS).

  — Número de días que se bloquea una cuenta de usuario si se sobrepasa el límite de intentos de autenticación. (PASSWORD_LOCK_TIME).

  — Número de días que tiene vigencia una contraseña antes de que el usuario deba cambiarla. (PASSWORD_LIFE_TIME).

  — Días extra que se conceden a un usuario para que cambie la contraseña una vez expirado el tiempo de vida de esta. (PASSWORD_GRACE_TIME).

  — Número de días que una contraseña puede ser reutilizada. (PASSWORD REUSE_TIME).

  — Se establece la función que se utilizará para el control de las reglas de complejidad definidas en la organización. (PASSWORD_VERIFY_FUNCTION).

- **Referente al manejo de recursos del sistema:**

  — Número de conexiones concurrentes que se permite establecer a un usuario. (SESSIONS_PER_USER).

  — Límite de tiempo de uso de la CPU que se permite a un usuario antes de que se cierre su sesión. (CPU_PER_SESSION).

  — Límite de tiempo de uso de CPU para una llamada (un análisis sintáctico, una ejecución o una captura). (CPU_PER_CALL).

  — En conexiones a implementaciones de servidor compartido, tamaño de memoria que el usuario puede consumir en el área de memoria compartida (*Shared Global Area*, SGA). (PRIVATE_SGA).

  — Tiempo máximo que puede durar una sesión. (CONNECT_TIME).

  — Tiempo máximo de inactividad de una sesión. (IDLE_TIME).

— Establecimiento del número máximo de bloques que pueden ser leídos en una sesión. (LOGICAL_READS_PER_SESSION).

— Establecimiento del número máximo de bloques que pueden ser leídos por un proceso. (LOGICAL READS PER CALL).

— También se puede establecer el número máximo de recursos consumidos en una sesión, se calcula según la media ponderada de algunos parámetros anteriores. (COMPOSITE_LIMIT).

La lista de recursos que pueden ser limitados es genérica y no todos los SGBD soportan esta gestión. Las limitaciones de recursos aquí enumeradas se pueden implementar en el SGBD Oracle, pero en otros como MariaDB o MySQL no todas estas limitaciones se pueden aplicar y, además, se fijan en el momento de la creación del usuario y no mediante la creación de perfiles específicos como en Oracle.

De esta forma, por ejemplo, se puede crear un perfil para los usuarios del departamento de contabilidad de una organización, que establezca el número de sesiones concurrentes en dos, el uso máximo de la CPU ilimitado, con duración máxima de sesiones de 120 minutos y especificando el número de días que un usuario tiene para renovar la contraseña en treinta. Esto en un SGBD como Oracle puede hacerse mediante el uso de la instrucción CREATE PROFILE y mediante la siguiente sintaxis:

```
CREATE PROFILE nombrePerfil LIMIT
    limite1 valor1
    [limite2 valor2...];
```

Trasladando la instrucción al ejemplo propuesto:

```
CREATE PROFILE contabilidad LIMIT
    SESSIONS_PER_USER 2
    CPU_PER_SESSION UNLIMITED
    CONNECT_TIME 120
    PASSWORD_LIFE_TIME 30
```

3.2.6.2.2. Privilegios de usuario

Son permisos que se otorgan a los usuarios para que puedan realizar determinadas operaciones sobre la base de datos. Estos privilegios se agrupan en dos grandes grupos, los de sistema y los de objeto.

- **Privilegios del sistema**. Son los permisos que se aplican en las operaciones que afectan al funcionamiento de la base de datos, y, por tanto, a todos los usuarios.

La lista de estos permisos es muy larga, pero destacan las operaciones de crear tablas, crear sesiones, modificar la estructura de la base de datos, crear vistas, eliminar tablas, etcétera.

- **Privilegios de objeto**. Son los permisos que se aplican a objetos concretos de la base de datos, como pueden ser tablas, vistas, etc. Entre los principales privilegios de objeto destacan las operaciones de SELECT, INSERT, UPDATE, DELETE, ALTER, EXECUTE, INDEX.

En ambos casos la lista de permisos que se pueden aplicar están sujetos a las especificaciones de cada SGBD, y, por tanto, es necesario acudir a los manuales del SGBD para conocer los privilegios que se pueden establecer a cada elemento de la base de datos y la manera en la que se realiza.

3.2.6.2.3. Vistas de usuario

Las vistas son consultas almacenadas de la base de datos con el fin de utilizarlas tantas veces como sea necesario sin necesidad de reescribirlas.

Como principales características de las vistas destacan:

- La vista es como una tabla virtual.
- Se pueden realizar las mismas operaciones de consulta que a una tabla.
- Las transferencias a las tablas originales están limitadas.
- Puede forma parte de esquemas externos sin desvelar los esquemas internos.

Las vistas proporcionan un mecanismo de seguridad, debido a que es una forma de limitar la información a la que el usuario puede tener acceso de forma que sea inapreciable para el usuario saber si está visualizando los datos desde una tabla real.

También, gracias a la ocultación del esquema de la base de datos, permite la integración de datos con otras bases de datos o con aplicaciones externas mostrando exactamente la información que se ha decidido mostrar.

3.2.6.2.4. Encriptación de datos

Los datos que están almacenados en el sistema de almacenamiento deben estar encriptados para impedir que, frente a la sustracción física del soporte de almacenamiento, estos puedan utilizarse. De esta forma, los datos almacenados mediante un proceso de cifrado serán legibles únicamente desde el sistema de bases de datos y mediante los procedimientos adecuados (desencriptado).

También es necesario implantar esta técnica de encriptación de los datos en los envíos de datos, de forma que si alguna persona obtuviera esos datos, estos no serían legibles.

3.2.6.3. EL LENGUAJE DE CONTROL DE DATOS: DCL

El lenguaje de control de datos se suele denominar con las siglas DCL, derivadas de su denominación en inglés *Data Control Language*.

Es un lenguaje que está integrado en el SGBD y que, mediante sus comandos, proporciona al administrador de la base de datos la capacidad de controlar el acceso a los datos de la base.

El lenguaje de control de datos actúa sobre las operaciones del lenguaje de definición de datos (LDD) y sobre el lenguaje de manipulación de datos (LMD). Estas operaciones pueden ser: CONNECT, SELECT, INSERT, UPDATE, DELETE y USAGE.

Estos comandos básicos del lenguaje de control de datos son:

- **GRANT**. Permite a usuarios otorgar permisos a otros usuarios para realizar las tareas enumeradas anteriormente sobre objetos de la base de datos.

- **REVOKE**. Permite la eliminación de permisos que se han concedido con GRANT.

3.2.6.4. ENUMERACIÓN DE LOS ROLES MÁS HABITUALES DE LOS USUARIOS EN SGBD

Antes de comenzar, es necesario definir el concepto de rol: un rol es un conjunto de varios privilegios y otros roles con el fin de que puedan ser concedidos y revocados a los usuarios de manera simultánea. Un rol debe ser habilitado para un usuario antes de que pueda ser utilizado por el usuario.

Aclarando esta definición, se describe como conjunto de privilegios y otros roles, debido a que un rol puede estar formado por otros roles que ya tienen un conjunto de permisos e incluso por otro rol al que se le añade un permiso.

Así, los roles son una herramienta muy potente para establecer la seguridad de los usuarios, permitiéndonos establecer roles para conjuntos de usuarios y crear de una forma organizada y eficiente los usuarios reduciendo tanto la tarea de creación de usuarios nuevos, ya que tan solo sería necesario asignarle el rol en la creación de permisos, reasignación de permisos nuevos asignándole un rol nuevo y modificación de permisos a todos los usuarios de un rol mediante la simple modificación de los permisos de dicho rol.

En el SGBD Oracle 11g están predefinidos por defecto más de cincuenta roles de usuario, entre los que podemos destacar:

- **CONNECT**. Es un rol heredado y se mantiene por compatibilidad con versiones anteriores. Actualmente solo concede el privilegio CREATE SESSION.

- **RESOURCE**. Otorga privilegios para crear objetos que almacenen datos (como tablas) y objetos procedimentales (como procedimientos PL/SQL).

- **DBA.** Este rol concede la mayoría de los privilegios del sistema, privilegios sobre objetos y roles. Un usuario con el rol de DBA puede manejar todos los aspectos de la base de datos, excepto el arranque y parada de la misma.

- **SELECT_CATALOG_ROLE.** Se usa para conceder privilegios de SELECT sobre vistas del diccionario de datos.

- **SCHEDULER_ADMIN.** Otorga los privilegios necesarios del sistema poder interactuar con el planificador de trabajos (*scheduler job*).

Así, por ejemplo, en MySQL la gestión de roles predefinidos para tareas de administración son los siguientes:

- **PROCESSADMIN.** Proporciona privilegios para evaluar, monitorizar y finalizar la ejecución de cualquier proceso de un usuario que esté ejecutándose en el servidor.

- **MAINTENANCEADMIN.** Serían el conjunto de permisos que posee el rol ProcessAdmin más los permisos globales sobre EVENT, SHOW DATABASES y SHUTDOWN.

- **USERADMIN.** Proporciona permisos para la creación de usuarios y reiniciar contraseñas de usuarios.

- **SECURITYADMIN.** Proporciona los permisos del rol UserAdmin añadiendo privilegio para conceder y revocar permisos a nivel de bases de datos.

- **MONITORADMIN.** Proporciona un conjunto mínimo de permisos necesarios para monitorizar el servidor.

- **DBDESIGNER.** Privilegios para crear y realizar ingeniería inversa en cualquier esquema de bases de datos.

- **BACKUPADMIN.** Conjunto mínimo de permisos para realizar copias de seguridad a cualquier base de datos.

- **DBMANAGER.** Incluye los permisos de BackupAdmin y DBDesigner y le añade los privilegios necesarios para realizar todas las tareas de mantenimiento en todas las bases de datos.

- **RELICATIONADMIN.** Permisos mínimos para configurar y administrar replicaciones de bases de datos.

- **DBA (*Data Base Administrator*).** Posee todos los permisos para realizar operaciones sobre todos los objetos de la base de datos. Se asemeja al superusuario de los sistemas operativos UNIX y Linux (*root*) pero en el ámbito del SGBD.

3.2.6.5. IMPLEMENTACIÓN EN AL MENOS 2 SGBD

Ahora vamos a realizar una aplicación práctica de roles en el SGBD Oracle y MariaDB.

- **Oracle**. La sintaxis más elemental es la de crear el rol sin ningún tipo de opción. En el siguiente ejemplo se crea un rol con el nombre *nuevoRol* utilizando el SGBD Oracle:

```
CREATE ROLE nuevoRol;
```

Si el rol requiere una clave, se utiliza el modificador IDENTIFIED. Este modificador admite cuatro argumentos para indicar el tipo de credencial que se utilizará para la autorización:

— **BY** *password*. Se utiliza cuando se requiere autenticación mediante contraseña para que se active este rol para el usuario. Un ejemplo de creación de un rol con nombre *nuevoRol* y con contraseña '*claveRol*' será:

```
CREATE ROLE nuevoRol IDENTIFIED BY 'claveRol';
```

— **USING** *package*. Esta cláusula se utiliza cuando se va a utilizar con paquetes de aplicaciones y solo valdrá para los paquetes que estén autorizados y para un esquema de bases de datos específico, salvo que no se indique ninguno y, en tal caso, se activa para toda la base de datos.

Un ejemplo de creación de un rol con nombre *nuevoRol* para el uso de un paquete de aplicación llamado *paquete1* y que usará el esquema *datos1* será:

```
CREATE ROLE nuevoRol IDENTIFIED USING datos1.
paquete1;
```

Si fuera un rol para toda la base de datos para el mismo paquete, sería:

```
CREATE ROLE nuevoRol IDENTIFIED USING paquete1;
```

— **EXTERNALLY**. Se utiliza cuando se requiere que la autenticación se realice mediante un servicio externo al SGBD, como puede ser la autenticación en el sistema operativo u otro servicio de aplicación de terceros destinado a este fin.

Un ejemplo de creación de un rol con nombre *nuevoRol* mediante el uso de autenticación externa al SGBD, supongamos que requiere autenticación en el sistema operativo Oracle Solaris 11, sería:

```
CREATE ROLE nuevoRol IDENTIFIED EXTERNALLY;
```

La creación de un usuario con nombre *usuario1* en el SGBD para que pueda activar este rol se realiza mediante la instrucción:

```
CREATE USER usuario1 IDENTIFIED EXTERNALLY;
```

Es necesario inicializar algunos valores en la inicialización de la base de datos según las necesidades, pero estas operaciones no están contempladas en la temática de este libro, por lo que es recomendable consultar el manual del SGBD Oracle de la versión que se está ejecutando.

— **GLOBALLY**. Se utiliza cuando se requiere una autenticación mediante el uso del servicio de directorio. Para que pueda activarse el rol, el usuario tiene que haber iniciado sesión en el servicio de directorio antes de iniciar la sesión en el SGBD.

Veamos un ejemplo de creación de un rol con nombre *nuevoRol* mediante el uso de autenticación por el servicio de directorio LDAP del usuario con nombre *usuario1* y los de objetos:

```
CN=usuario1, OU=departamenteo1,
O=organizacion1, C=ES:
CREATE ROLE nuevoRol IDENTIFIED GLOBALLY;
```

La creación del usuario en el SGBD para que pueda usar este rol se realiza mediante la siguiente instrucción:

```
CREATE USER usuario1 IDENTIFIED GLOBALLY AS 'CN=
usuario1,OU=departamento1,O=organizacion1,C=ES';
```

Si para la activación del rol no se requiere autenticación, se utiliza NOT IDENTIFIED. El ejemplo sería el siguiente:

```
CREATE ROLE nuevoRol NOT IDENTIFIED;
```

A nivel de seguridad es importante tener en cuenta que, si no se indica ninguna de las cláusulas IDENTIFIED o NOT IDENTIFIED, el valor que se aplica por defecto es NOT IDENTIFIED.

Si fuese necesario cambiar la forma en la que se realiza la autenticación, se utiliza la instrucción ALTER ROLE con la misma estructura de sintaxis de la instrucción CREATE ROLE. Como ejemplo, cambiaremos la autorización por autenticación del ejemplo anterior de autenticación externa a autenticación mediante la contraseña '*claveRol*':

```
ALTER ROLE nuevoRol IDENTIFIED BY 'claveRol';
```

- **MariaDB**. Puesto que el SGBD Oracle lleva más tiempo en el mercado y tiene un equipo de desarrollo muy grande (es considerado como el gigante de los sistemas gestores de bases de datos), tiene un sistema de gestión de roles más completo y avanzado. Por el contrario, MariaDB ha incorporado la gestión de roles de usuario recientemente y está integrada desde la versión 10.0.5. A la fecha de la edición de este libro, la versión estable es la 11.4.1, por lo que dicha herramienta de este SGBD aún está por completar.

La instrucción para crear un rol es la misma que en Oracle:

```
CREATE ROLE nuevoRol;
```

Para poder usarlo, es necesario tener el privilegio CREATE USER global o el privilegio INSERT para la base de datos MySQL.

Existe la cláusula opcional WITH ADMIN, que determina si el usuario actual, rol actual o de otro usuario tiene el privilegio de nueva creación de rol. A nivel de seguridad es importante tener en cuenta que si se omite esta cláusula, CURRENT_ USER (el usuario actual) tendrá privilegio GRANT para conceder este rol a usuarios.

Como ejemplo, a continuación se creará un rol llamado *nuevoRol* y se le concederán permisos de SHOW DATABASES para todas las bases de datos del SGBD y se asigna dicho rol al usuario con nombre *usuario1*. La secuencia de instrucciones será:

1. En primer lugar se crea el rol *nuevoRol*:

   ```
   CREATE ROLE nuevoRol;
   ```

2. Después se le asignan al rol *nuevoRol* los permisos para mostrar todas las bases de datos del SGBD:

   ```
   GRANT SHOW DATABASES ON *.* TO nuevoRol;
   ```

3. Finalmente se le asigna el rol *nuevoRol* al usuario con nombre *usuario1*:

   ```
   GRANT nuevoRol TO usuario1;
   ```

   Cuando sea necesario eliminar un rol, se utiliza la instrucción DROP ROLE *nombreRol*. Para evitar el siguiente mensaje de error, el cual se produce por la inexistencia del rol:

   ```
   ERROR 1396 (HY000): Operation DROP ROLE failed
   for 'journalist'
   ```

Es conveniente utilizar la cláusula IF EXISTS, además de que el sistema devuelve mayor cantidad de información. Por otro lado, en caso de no existir ningún error, el sistema mostrará el siguiente resultado:

```
DROP ROLE IF EXISTS nuevoRol;
Query OK, 0 rows affected, 1 warning (0.00 sec)
Note (Code 1975): Can't drop role 'nuevoRol';
it doesn't exist
```

Ahí se indica que la operación se ha realizado correctamente y que no se ha modificado nada en la base de datos MySQL, ya que no hay coincidencia con dicho nombre de rol.

3.2.6.6. SEGUIMIENTO DE LA ACTIVIDAD DE LOS USUARIOS

Para abordar esta sección, en primer lugar se introducirá el concepto de auditoría informática en el contexto de un sistema de información:

"La auditoría de un sistema de información se presenta como un proceso llevado a cabo por profesionales especialmente capacitados para tal fin y consiste en recoger, agrupar y evaluar la información recolectada para determinar si un sistema de información preserva la confidencialidad, integridad y disponibilidad de los datos".

La figura del profesional o profesionales a los que se hace referencia es el administrador de la base de datos, que pueden ser uno o varios dependiendo de la envergadura de la base de datos.

Es necesario determinar si se han establecido, si son adecuadas y si se cumplen las medidas de seguridad recogidas en la Ley Orgánica 3/2018, de 5 de diciembre, de Protección de Datos Personales y garantía de los derechos digitales.

Los datos más destacados que se recolectan en el proceso de una auditoría a un sistema de información son:

- Relación de ficheros, estructura y contenido.

- Políticas de seguridad y procedimientos (registro de incidencias, copias de respaldo y recuperación, identificación y autorización, borrado de soportes, cifrado, etcétera).

- Documento de seguridad y auditorías anteriores (si las hubiese).

- Diseño físico y lógico de los sistemas de información.

- Relación de usuarios, accesos autorizados y sus funciones.

- Inventario de soportes y registro de entrada y salida de soportes.

- Registros de acceso e informes de revisión de los mismos.

- Entrevistas a usuarios, técnicos de sistemas, responsables, etcétera.

- Inspección visual.

Los datos recogidos durante el proceso de auditoría deben quedar almacenados y disponibles para un posible análisis por parte de la Agencia Española de Protección de Datos.

Este capítulo se centrará en los métodos para la recolección de los datos de registro en los accesos de los usuarios del sistema de información realizan a los datos de carácter personal albergados en él.

Esta es una tarea de un administrador de base datos, ya sea el propio usuario con el rol de DBA y, por tanto, el administrador de la base de datos, o bien un usuario con un rol de monitorización y registro de la actividad referente a los accesos a los datos de carácter personal designado por el administrador de bases de datos.

Es necesario destacar que el proceso de registro de la información necesaria para la auditoría del sistema y, en especial, la referente a los accesos a la información, se realiza en tiempo real. Este hecho provoca un descenso en el rendimiento de la base de datos debido a que aumentan las operaciones que realiza en el SGBD; por lo que será necesario tenerlo en cuenta en el análisis de requisitos referente a la infraestructura de *hardware* en la fase del diseño del sistema de información.

3.2.7. Enumeración de las distintas herramientas disponibles para seguir la actividad de los usuarios activos

Existen tres métodos para realizar un seguimiento de la actividad de los usuarios en la base de datos: 1) mediante el uso de herramientas específicas del SGBD, como son los disparadores (*triggers*); 2) el sistema de auditoría (no todos los SGBD lo incluyen); 3) mediante el uso de aplicaciones y herramientas de terceros, por tanto, externas al SGBD, destinadas a tal fin. El uso de las herramientas que ofrece el SGBD generalmente es el sistema más eficaz debido a que han sido diseñadas por el propio desarrollador del SGBD, y serán las que ofrecerán mayor seguridad en la recolección de los datos de auditoría obteniendo un mayor rendimiento.

- **Disparadores (*triggers*).** Es un procedimiento almacenado y generado mediante código PL/SQL que se ejecuta automáticamente en respuesta a determinados eventos en una tabla o vista especificada de una base de datos. Los disparadores tienen diversas aplicaciones dentro de una base de datos. A continuación se muestra un ejemplo, en el que mediante el uso de un disparador en el SGBD Oracle se realiza el registro en una tabla (destinada a la recolección de los accesos) cuando se accede a determinada información de una tabla de la base de datos.

Se va a programar un disparador en una base de datos existente en un SGBD Oracle que almacenará la información de los usuarios, el identificador de la sesión y la fecha y hora en la que lo hacen cuando se realice una inserción, una eliminación o una actualización de cualquiera de los datos de los campos nombre, apellido1, apellido2, DNI, cuenta_bancaria, teléfono de la tabla datos_clientes, y almacenando dicha información de auditoría en la tabla auditoria_datos_clientes.

```
CREATE TRIGGER audit_datos_clientes
AFTER INSERT OR DELETE OR UPDATE ON datos_clientes
for each row
begin
   time_now := SYSDATE;
   sesion := USERENV('SESSIONID');
   insert into auditoria_datos_clientes values (
      user, time_now, sesion, :nombre, :apellido1,
      :apellido2, :DNI, :cuenta_bancaria, :telefono);
end;
```

Los disparadores presentan el problema de que solo se pueden usar (disparar) frente a eventos de inserción, actualización o eliminación de datos y no en cuanto a consulta, para esto es necesario recurrir a las herramientas que se describen a continuación.

- **Sistema de auditoría del SGBD.** En Oracle se incluye un sistema de registro de la actividad de usuario y de objetos de la base de datos denominado AUDIT_TRAIL.

Se le indica al SGBD que debe activarlo incluyendo la línea una línea en el fichero *init.ora* ubicado en el directorio *dbs* de la instalación de Oracle.

La sintaxis de AUDIT_TRAIL es AUDIT_TRAIL = { db | os | none | true | false | db_extended } donde los valores corresponden con:

- **db o true**. Habilita la auditoría de la base de datos y redirige todos los datos de auditoría a la base de datos destinada a la auditoría (está definida en $SYS.AUD).

- **os**. Habilita la auditoría de la base de datos y redirige todos los datos de dicha auditoría al sistema de auditoría del sistema operativo.

- **none o false**. Deshabilita la auditoría de la base de datos. El valor por defecto es *none*.

- **db_extended**. Además de habilitar la auditoría, rellena los valores de SQLBIND y SQLTEXT en las columnas correspondientes de la tabla $SYS.AUD.

En Microsoft SQL Server 2022 se incluye una herramienta gráfica destinada a la auditoría denominada SQL Server Profiler y, a pesar de ser muy completa, tiene un diseño de aplicación bastante intuitivo para su gestión. En la imagen de la Figura 3.1 se puede observar la captura de la aplicación.

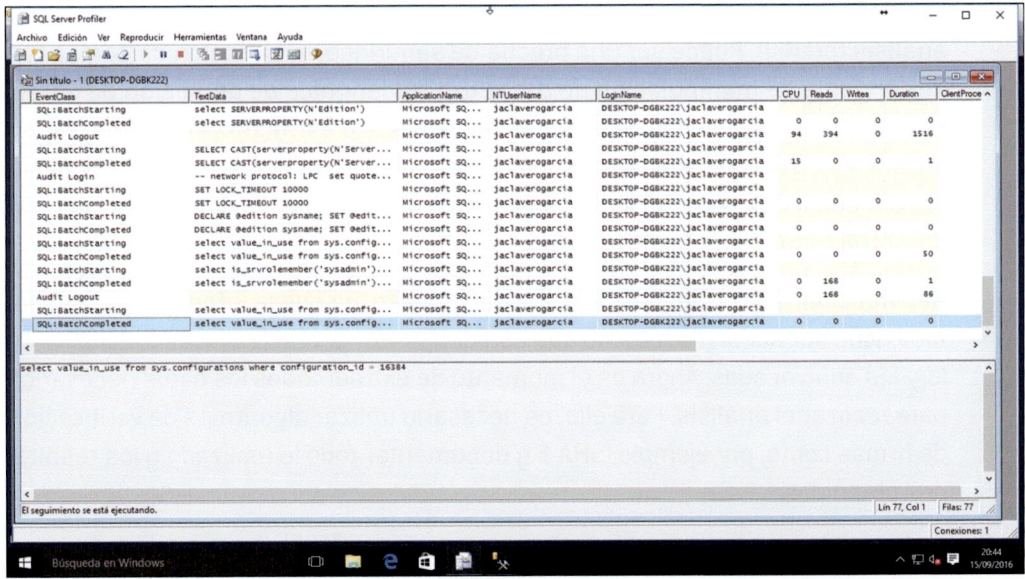

Figura 3.1. Captura de pantalla de SQL Profiler.

Herramientas de terceros. Como aplicación desarrollada específicamente para auditar bases de datos, destaca SecureSphere de la compañía de desarrollo de *software* Imperva, empresa galardonada con numerosos premios y con muy buen reconocimiento en entornos empresariales, donde la información es muy importante, como es el caso de Nasdaq. Este paquete, entre otras funcionalidades, permite auditar la actividad de los usuarios en la base de datos en diferentes sistemas gestores de bases de datos.

3.2.8. Enumeración de las distintas herramientas y métodos para trazar las actividades de los usuarios desde un punto de vista forense

Para iniciar esta sección, nuevamente es necesario introducir un concepto, el análisis forense aplicado a las bases de datos. El objetivo de la informática forense es examinar los medios digitales de una manera válida a efectos legales, con el objetivo de identificar, preservar, recuperar, analizar y presentar datos y poder obtener conclusiones acerca de la información digital. El objetivo en el ámbito de las bases de datos será poder obtener conclusiones de los sucesos no autorizados en bases de datos.

Existen numerosas metodologías para realizar un análisis forense. A continuación, se presentan las directrices de un proceso general para el análisis forense de datos:

1. **Preparación**. Consiste en las tareas previas necesarias como la preparación de la infraestructura informática necesaria para realizar el proceso de análisis forense. En el que se incluyen los elementos *software* y *hardware* necesarios para poder extraer la información necesaria para el análisis.

2. **Verificación**. Identificar las circunstancias o elementos que han provocado el análisis forense. Puede ser una brecha de seguridad, la ejecución de comandos del lenguaje de manipulación de datos y/o del lenguaje de definición de datos, transacciones sospechosas, eliminación de datos o estructuras de datos, exportaciones de datos no autorizadas, etc. En esta fase también se revisan los ficheros almacenados pertenecientes a la auditoría de la base de datos y verificación del correcto funcionamiento de esta.

3. **Recolección**. Es la fase más delicada del proceso, ya que la información recolectada debe ser fidedigna, puesto que cualquier error puede provocar conclusiones legales equivocadas. Ahora es el momento de extraer todos los datos necesarios para realizar el análisis. Para ello, es necesario utilizar algoritmos de verificación de firmas como, por ejemplo, SHA-1 y documentar todo lo realizado y los resultados obtenidos.

4. **Análisis**. Para este proceso es necesario recrear el entorno inicial de la base de datos comprometida, es decir, es necesario restaurar la base de datos al completo en el entorno recreado. Ahora es cuando se analizan todos los intentos de conexiones, tanto fallidas como válidas, registros de autenticación y autorización, planes de ejecución de sentencias SQL y los valores de sus variables, y se detalla todo lo que ha quedado registrado en el *redolog* o equivalente, dependiendo del SGBD al que haya que realizar el análisis forense.

5. **Presentación**. Finalmente, se presentan los resultados aportando una memoria del proceso seguido y que, como se ha descrito, se ha ido documentando a medida que se realizaba el análisis forense.

Existen pocas herramientas específicas para realizar este proceso, lo más frecuente es realizarlo mediante el desarrollo de *scripts* destinados a este fin. A continuación, se enumeran las aplicaciones más destacadas destinadas al análisis forense:

- **Orablock**. Permite a un analista forense la capacidad de volcar los datos a partir de un archivo de datos en frío de Oracle. No hay necesidad de cargar el archivo de datos en la base de datos que haría que el archivo de datos se modificara; de esta forma, Orablock conserva intactas todas las evidencias. También se utiliza para localizar datos antes de una actualización o eliminación de datos.

- **Oratime**. Permite a un analista forense convertir el SCN (*System Change Number,* sistema de numeración de cambios) en una marca o huella de tiempo (*timestamp*).

- **SQLCMD**. Esta utilidad permite introducir instrucciones de transacciones SQL, procedimientos del sistema y archivos de secuencia de comandos en el símbolo del sistema en el editor de consultas mediante el modo SQLCMD, desde un *script* de Windows o en el propio intérprete de comandos del sistema operativo Windows (cmd.exe) para pasar el trabajo al agente de trabajos SQL Server. Esta utilidad funciona mediante OLE DB para ejecutar los lotes de transacciones SQL.

Es necesario resaltar que, dado el contexto actual acerca del análisis forense en bases de datos, siempre existirá la duda sobre la confiabilidad de las herramientas utilizadas, ya que muchas de ellas las realizan los propios administradores de bases de datos y analistas forenses.

Para que un análisis forense de una base de datos sea fiable, es necesario que los administradores de la base de datos sigan una guía de buenas prácticas sobre el SGBD y, por tanto, los administradores de bases de datos son el punto crítico para que se pueda realizar un buen análisis forense.

Además, contar con buen conjunto de herramientas y *scripts* propios o de terceros, pero de confianza, es crucial para asegurar que será posible acceder a la información volátil.

Por último, hay que tener en cuenta que actualmente no existe un procedimiento estándar para realizar un análisis forense a bases de datos, pero es necesario tener planificada una metodología para poder establecer un punto de partida en el proceso en caso de que sea necesario.

3.2.9. Empleo de una herramienta o método para averiguar la actividad de un usuario desde un momento determinado

En este caso, para ilustrar este proceso de monitorización se va a usar el SGBD Microsoft SQL Server.

En primer lugar, se abre la aplicación SQL Server Profiler o un fichero previamente guardado en su formato de seguimiento con extensión .trc, o bien, si el sistema de auditoría está activo, se puede localizar en tiempo real seleccionando la sentencia SQL que se desea analizar, como se puede observar en la imagen de la Figura 3.2.

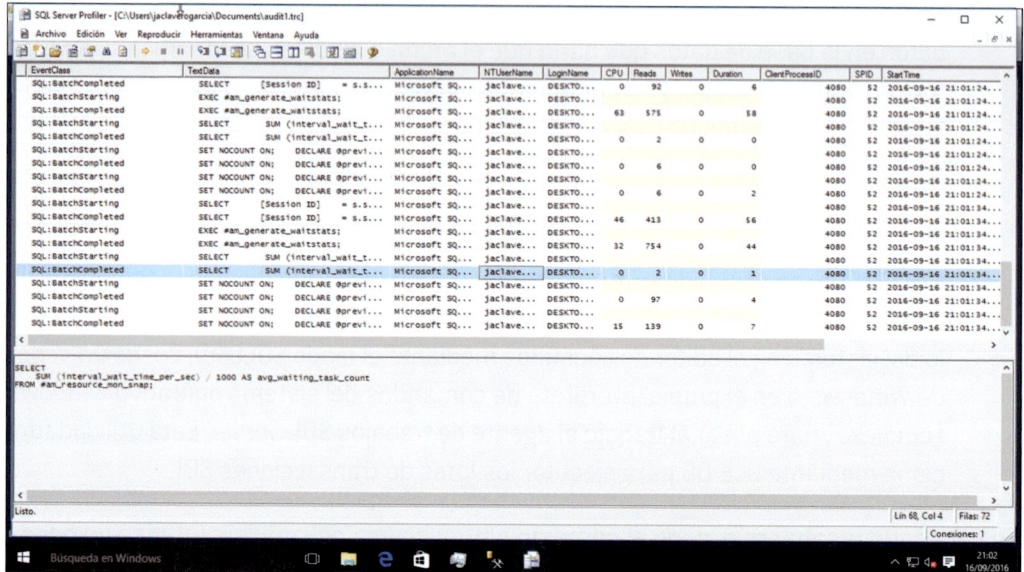

Figura 3.2. Captura de pantalla de la ventana de auditoría en tiempo real de la herramienta SQL Server Profiler.

Otra opción es buscarlo mediante una consulta SELECT si se ha configurado el sistema de auditoría para que los datos de registro de actividad se almacenen en una tabla destinada a tal fin.

3.2.10. Empleo de una herramienta o método para averiguar un usuario a partir de determinada actividad en la base de datos

De forma análoga, al proceso anterior se puede realizar una auditoría en el SGBD Microsoft SQL Server mediante una consulta SELECT sobre la tabla destinada a la auditoría del sistema.

Como ejemplo se podría realizar la siguiente consulta:

```
SELECT [TextData],[NTUserName]

FROM [master].[dbo].[auditoria] WHERE [TextData] LIKE
'SELECT%';
```

Mediante la cual a partir de una actividad concreta, en este caso un simple SELECT, se pueden saber todos los usuarios que han realizado dicha operación en la base de datos.

Si en lugar de usar SELECT% se introduce la instrucción exacta, la consulta estará más refinada y se reducirán mucho más los resultados.

La herramienta más potente es el sistema de auditoría mediante el almacenamiento de los datos de registro en una base de datos. En el ejemplo anterior se almacenaron en la base de datos *master* y en la tabla *dbo.auditoria*. Al utilizar este mecanismo de auditoría, es posible realizar las búsquedas mediante consultas propias del mismo SGBD.

3.2.11. Argumentación de las posibles implicaciones legales a la hora de monitorizar la actividad de los usuarios

El artículo 32 del RGPD establece que los responsables del tratamiento de datos personales deben tomar medidas de seguridad técnicas y organizativas adecuadas para garantizar un nivel de seguridad apropiado, considerando el estado actual de la tecnología, los costos, la naturaleza y el propósito del tratamiento, así como los riesgos para los derechos y libertades de las personas.

Para garantizar la seguridad de los tratamientos, se requiere que el responsable evalúe los riesgos asociados y tome medidas para reducirlos. Esta evaluación debe considerar específicamente los riesgos que puedan afectar los derechos y libertades de las personas, en particular, sus derechos fundamentales. Para elegir las medidas que ayuden a controlar el riesgo para los derechos y libertades, es posible recurrir a estándares de seguridad disponibles en el mercado, como la norma ISO 27000. En términos generales, el estándar seleccionado implicará:

- La realización de un inventario de activos partiendo de la descripción sistemática del tratamiento.

- La identificación de los riesgos, para los derechos y libertades de los interesados, asociados a los activos que consten en el inventario de activos.

- La evaluación del riesgo para los derechos y libertades de los interesados.

- La gestión de riesgos para los derechos y libertades de los interesados a lo largo del ciclo de vida del tratamiento.

Notificación de brechas de datos personales a la autoridad de control

Una brecha de datos personales es un incidente de seguridad que resulta de la destrucción, pérdida, alteración accidental o ilícita de los datos personales tratados por un responsable, o de su acceso o comunicación no autorizados. Estas violaciones pueden tener consecuencias significativas para las personas, causando daños físicos, materiales o emocionales, por lo que es crucial prevenirlas y manejarlas adecuadamente, especialmente cuando puedan poner en riesgo los derechos y libertades individuales.

Según el artículo 33 del RGPD, los responsables del tratamiento de datos personales están obligados a informar a la autoridad de control correspondiente sobre las violaciones de datos personales cuando es probable que representen un riesgo para los derechos y libertades de las personas. El responsable debe evaluar el nivel de riesgo de la violación y notificarla a la autoridad de control cuando exista un riesgo, y además, si el riesgo es alto, también debe informar a las personas afectadas según lo estipulado en el artículo 34 del RGPD. El plazo para notificar a la autoridad de control es de 72 horas desde que la organización tiene conocimiento de la violación.

En el ámbito privado, los responsables del tratamiento afectados por una brecha de datos personales deberán notificar a la AEPD:

- Cuando su único establecimiento esté localizado en España.

- Si tienen varios establecimientos en la Unión Europea, únicamente cuando el establecimiento principal esté localizado en España.

- Si no tienen establecimiento principal en la Unión Europea, solo en el caso de que hayan designado un representante en España.

- Si no tienen establecimiento ni representante en la Unión Europea, en el caso de que la brecha de datos personales cuente con afectados en España.

En el ámbito público, con carácter general las administraciones públicas deben notificar las brechas de datos personales a la Agencia Española de Protección de Datos a excepción del caso de las Comunidades Autónomas de Andalucía, Cataluña y País Vasco. Cuando las brechas de datos personales se produzcan en entidades del sector público bajo su competencia.

Comunicación de brechas de datos personales a los interesados

Una brecha de datos personales puede ocasionar diversos efectos negativos en las personas, pudiendo causar daños físicos, materiales o emocionales, por lo que es importante evitarlas y gestionarlas adecuadamente en caso de ocurrir, especialmente si ponen en peligro los derechos y libertades individuales.

Según el artículo 34 del RGPD, los responsables del tratamiento de datos personales tienen la obligación de informar a las personas afectadas sobre las violaciones de datos personales que puedan representar un riesgo significativo para sus derechos y libertades. El responsable debe evaluar el nivel de riesgo de una violación de datos personales y, en caso de determinar que el riesgo para los derechos y libertades de las personas es alto, debe comunicar la violación a los afectados y notificarla a la autoridad de control correspondiente según lo establecido en el artículo 33 del RGPD. Para facilitar la toma de decisiones, la AEPD ofrece la herramienta Comunica-Brecha RGPD.

La comunicación a las personas afectadas debe incluir el siguiente contenido mínimo:

- Datos de contacto del DPD, o en su caso, del punto de contacto en el que pueda obtenerse más información.

- Descripción general del incidente y momento en que se ha producido.

- Las posibles consecuencias de la brecha de datos personales.

- Descripción de los datos e información personal afectados.

- Resumen de las medidas implantadas hasta el momento para controlar los posibles daños.

- Otras informaciones útiles para que los afectados puedan proteger sus datos o prevenir posibles daños.

La comunicación preferentemente se deberá realizar de forma directa al afectado.

3.2.11.1. INTRODUCCIÓN BÁSICA A LA CRIPTOGRAFÍA

El propósito de la criptografía es tomar un mensaje o archivo conocido como texto simple y convertirlo en texto cifrado, de tal forma que solo las personas autorizadas sepan cómo convertirlo nuevamente en texto simple.

Aunque pueda parecer extraño, se deben usar algoritmos de cifrado y descifrado públicos. En contraposición a este hecho existe una práctica denominada como seguridad por oscuridad, en la que usan algoritmos que se mantienen en secreto; los principiantes en criptografía usan estas técnicas debido a la sensación de seguridad que aportan, pero esta es engañosa a causa de su ineficacia.

El secreto depende de unos parámetros de los algoritmos de cifrado, a los cuales se les denomina claves. Si P es el archivo de texto simple, K_E es la clave de cifrado, C es el texto cifrado y E es el algoritmo de cifrado (es decir, la función para realizar el cifrado), entonces $C = E (P, K_E)$, siendo esta la definición del cifrado. Esta expresión es la que indica que el texto cifrado se obtiene mediante el uso del algoritmo de cifrado E, con el texto simple P y la clave de cifrado (*secreta*) K_E como parámetros. El principio de que todos los algoritmos debe ser público, y el *secreto* deben ser las claves, se conoce como el Principio de Kerckhoffs, formulado por el criptógrafo holandés Auguste Kerckhoffs del siglo xix. En la actualidad, todos los criptógrafos serios han adoptado esta idea.

De forma análoga, se establece para el descifrado que $P = D (C, K_D)$, donde D es el algoritmo de descifrado y K_D es la clave de descifrado. Esto quiere decir que, para obtener el texto original simple P a partir del texto cifrado C y la clave de descifrado K_D, hay que usar el algoritmo D con C y K_D como parámetros.

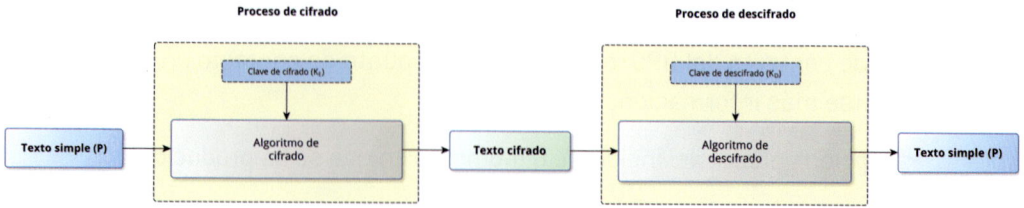

Figura 3.3. Secuencia de un proceso de cifrado y descifrado de un texto simple.

Para poder entender la relación entre estos dos procesos es conveniente observar la imagen de la Figura 3.3, donde se presenta un diagrama con los pasos realizados por los mecanismos de cifrado/descifrado. En dicho diagrama se puede observar que la información de entrada al algoritmo es el texto plano que se quiere cifrar y, tras aplicar el algoritmo con una clave de cifrado, este quedará cifrado. Posteriormente, para descifrar el texto cifrado, este pasa a ser la entrada del algoritmo de descifrado en el proceso de descifrado, al que se le aplica el algoritmo de descifrado con la clave de descifrado y obteniendo como salida el texto simple original.

Es posible que el cifrado se realice para el almacenamiento de la información en el soporte del sistema de almacenamiento que la alberga, pero en muchos otros casos el cifrado se utiliza para el envío de información y, así, evitar que si dicha información se intercepta, esta sea inútil o ilegible. Lo que nos lleva a introducir a los agentes que intervienen en la transmisión de información cifrada.

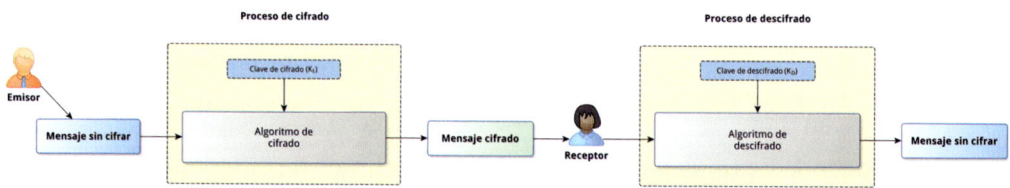

Figura 3.4. Proceso de cifrado y descifrado con los agentes del proceso.

En la Figura 3.4 se observa cómo el emisor es el que cifra el mensaje mediante el algoritmo de cifrado con su clave secreta y lo transmite, y el receptor es el que recibe y descifra el mensaje mediante el algoritmo de descifrado y usando su clave secreta.

3.2.11.1.1. Técnicas de clave privada o simétrica

Esta técnica de cifrado, también conocida como clave secreta, se caracteriza por el hecho de que tanto el emisor como el receptor deben conocer la clave de antemano. Esto se debe a que se utiliza la misma clave para el cifrado y para el descifrado, K_E y K_D son iguales, de ahí que reciba el nombre de simétrica. Esta técnica presenta el inconveniente de que puede no ser suficientemente segura debido a que la distribución de la clave secreta genera una vulnerabilidad en el sistema. ¿Qué canal de comunicación es suficientemente seguro para transmitir una clave? Existen centros de distribución de claves simétricas, pero siempre existirá el riesgo de una vulnerabilidad en la seguridad. Este hecho provoca que se den medidas de seguridad en la era digital anacrónicas, como la necesidad de que tengan que reunirse en persona las partes implicadas en el paso de una clave para aumentar, en la medida de lo posible, la transmisión de la clave compartida.

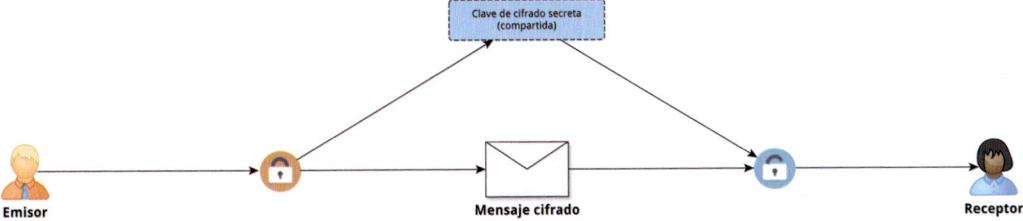

Figura 3.5. Secuencia de envío de un mensaje con cifrado simétrico.

Además de este problema de seguridad, existe otro inconveniente relacionado con las claves y las parejas de emisores y receptores. Para ilustrar el problema se toma como ejemplo que Juan y Luisa son una pareja de emisor y receptor y se envían mensajes cifrados mediante la clave A. Llega un momento en el que Juan necesita enviar un mensaje cifrado a Carlos; por lógica, no puede usar la clave A que utiliza para enviar mensajes cifrados a Luisa debido a que, si por el motivo que sea el mensaje cifrado llega a Luisa, esta podría descifrarlo; por lo que Juan y Carlos deberán utilizar una clave B para que otro receptor no pueda descifrar su mensaje. Por tanto, el número de claves distintas necesarias para que un emisor pueda enviar mensajes cifrados a distintos receptores será n*(n-1)/2, siendo *n* el número de personas. Esto es viable en conjuntos de parejas reducidos, puesto que de otra forma se convierte en un sistema incontrolable, debido al número de claves que tanto emisores como receptores deben mantener.

Si no fueran ya bastante graves los problemas que acarrea esta medida de generación de claves, surge un último inconveniente. En caso de que el mensaje sea interceptado por una tercera parte no deseada, este podría ser descifrado mediante el uso de un sistema automatizado que probara con combinaciones de claves (existen diversas técnicas para realizar este proceso) hasta que el mensaje fuera descifrado.

No obstante, no solo son desventajas lo que aporta este método de seguridad; a continuación se destacan algunas de las principales ventajas:

- La velocidad en el cifrado/descifrado de este método es superior a la de otras técnicas.

- En caso de que se produzca una pérdida de una clave (posible olvido), la clave está compartida entre pares de sistemas (personas), por tanto, la pérdida solamente afectaría a una persona/sistema, mientras que las demás partes no se verían afectadas.

- Esta técnica de cifrado/descifrado es sencilla de implementar y de usar por los emisores y receptores.

Este sistema es especialmente útil para sistemas en los que el receptor y el emisor son la misma persona, es decir, para cifrar ficheros o información que solo va a cifrar y descifrar la misma persona y, por tanto, la clave compartida solo la conoce una persona. Se utiliza para cifrar ficheros, directorios y sistemas de ficheros con el fin de que, si caen en manos de personas ajenas al propietario, esta información sea inútil y no pueda accederse a ella.

Para realizar un cifrado simétrico, existen dos métodos:

- **Cifrados por flujo**. Realizan el cifrado del mensaje bit a bit sobre el flujo de entrada de información. Esta técnica se conoce como *stream*.

- **Cifrados por bloque**. Realizan el cifrado del mensaje dividiendo el flujo de entrada de información en bloques de k bits, cada uno de estos bloques se cifra de forma independiente.

Algunos ejemplos de algoritmos usados para realizar este tipo de cifrados son:

- **DES (*Data Encryption Standard*)**. Es un sistema de cifrado por bloques de tamaño de 64 bits. La clave compartida mide 64 bits. Aunque solo se utilizan 56 bits para el algoritmo de cifrado y de descifrado, los 8 bits restantes son para la verificación por paridad. Cada trozo de 64 bits de los datos se desordena según un esquema fijo a partir de una permutación inicial conocida como IP. A continuación, se divide cada uno de los trozos en dos mitades de 32 bits, que se someten a un algoritmo durante 16 iteraciones. Este algoritmo es sensible a un ataque por fuerza bruta debido a que los 56 bits para la clave no son suficientemente seguros dada la capacidad de cálculo que poseen las computadoras en la actualidad. Este sistema de cifrado puede ser implementado tanto a nivel de *software* como a nivel de *hardware* mediante el uso de chips con tecnología VLSI (*Very Large Scale Integration*),

- **3DES o TDES (*Triple DES*)**. Fue desarrollado por IBM con el fin de aumentar la seguridad del algoritmo DES. Se basa en doblar la longitud efectiva de la clave a 112 bits, pero debido a la necesidad de triplicar el número de operaciones necesarias la longitud total de la clave será de 168 bits. No se modifica el algoritmo DES. La mayoría de las plataformas de pago electrónico y tarjetas de crédito lo utilizan. Este algoritmo es bastante lento debido al número de operaciones necesarias, pero incrementa la seguridad del algoritmo DES. Existen varias formas de implementarlo:

    — **DES-EEE3 o de triple encriptación**. Consiste en realizar tres encriptaciones DES con tres claves distintas. La longitud de la clave se aumenta a 192 bits, el triple.

- **DES-EDE3.** Consiste en realizar tres operaciones DES con la secuencia encriptar-desencriptar-encriptar usando tres claves diferentes.

- **DES-EEE2.** Consiste en realizar tres encriptaciones al igual que en el primer método pero usando solo dos claves, de forma que la clave de la primera operación de encriptado y la última son iguales, y distintas a la clave de la segunda operación de encriptado.

- **DES-EDE2.** Consiste en realizar, al igual que en el segundo método, una secuencia de operaciones de encriptado-desencriptado-encriptado usando la misma clave para las operaciones de encriptado (primera y última operación) y una distinta para el desencriptado.

El método más efectivo es DES-EEE3, debido a que es el que consigue aumentar la longitud de la clave a 129 bits (incluyendo los bits de paridad).

- **RC5 (Rivest Cipher).** Es un cifrado por bloques con un tamaño variable de estos de 32, 64 o 128 bits; el tamaño de la clave es de entre 0 y 2040 bits y realiza un número de vueltas de entre 0 y 255.

- **AES (Advanced Encryption Standard).** Es un cifrado por bloques con un tamaño fijo de bloques de 128 bits, pero distribuidos en matrices y con un tamaño de clave posible de 128, 192 y 256 bits.

- **Blowfish.** Hasta la fecha no se han encontrado técnicas de criptoanálisis efectivas contra Blowfish. Usa bloques de 64 bits, claves que pueden tener longitudes entre 44 y 448 bits. Utiliza también un sistema de codificación por rondas; en concreto, usando 16 rondas Feistel.

- **IDEA (International Data Encryption Algorithm).** Funciona mediante bloques de 64 bits y una longitud de clave de 128 bits. Consiste en ocho rondas de transformaciones idénticas y una ronda de transformación de salida.

3.2.11.1.2. Técnicas de clave pública o asimétrica

Es el método criptográfico que se basa en el uso de un par de claves distintas en el envío de mensajes, por lo que en el método de cifrado asimétrico K_E y K_D son distintas. Las dos claves pertenecen a la misma persona que ha enviado el mensaje, una de ellas es pública y se puede distribuir a cualquier persona, la otra clave es privada y secreta. Ese par de claves se construye con sistemas automáticos que generan datos aleatorios para que no puedan volverse a generar otra vez, aportando un mayor grado de seguridad. El punto fuerte de la seguridad de este sistema se basa en que es muy complicado para una misma persona obtener el par de claves: la pública y la privada.

Este sistema de criptografía tiene desventajas, a pesar de ser asumibles dado el grado de seguridad que ofrece. A continuación, se muestran algunas de ellas:

- La longitud de las claves debe ser de un tamaño superior al de las simétricas.

- El mensaje cifrado ocupa más espacio que el original, derivado de lo anterior.

- Para una misma longitud de clave y mensaje se necesita mayor tiempo de proceso.

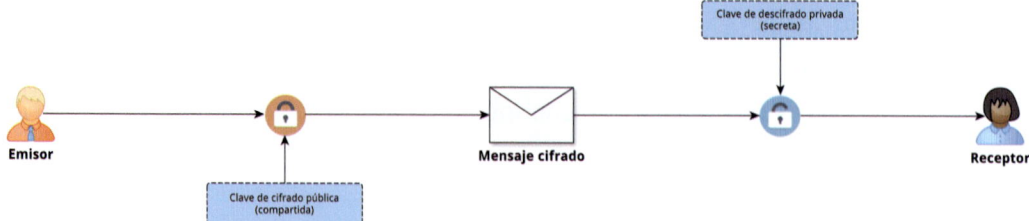

Figura 3.6. Secuencia de envío de un mensaje con cifrado asimétrico.

Los principales algoritmos utilizados en el cifrado asimétrico son los siguientes:

- **Diffie-Hellman**. Recibe este nombre en honor a sus autores: Whitfield Diffie y Martin Hellman. Es un protocolo de cifrado destinado al intercambio de claves entre partes que no hayan tenido contacto previo y que utilicen un canal inseguro y sin autenticación para realizar la comunicación o envío del mensaje. Generalmente se utiliza para intercambiar claves compartidas para un uso posterior de cifrado simétrico. La idea en líneas muy generales radica en que dos interlocutores pueden generar de forma conjunta una clave (compartida) y sin que dicha clave se vea comprometida por otra tercera parte. El protocolo relaciona en una sucesión de pasos a ambos interlocutores. A continuación, se describen los pasos que se realizan:

  1. Se escoge un número p que tiene que ser primo y otro denominado generador g que tiene que ser coprimo de p. Ambos números son públicos.

  2. Se escoge otro número a que sea menor que p y se calcula A mediante $A=g^a$ mod p. Envía los números A, p y g al otro interlocutor.

  3. El otro interlocutor también escoge un número b menor que p y calcula $B=g^b$ mod p. Envía solo el número B al otro interlocutor; p y g ya los tiene.

  Ahora, ambos pueden calcular K mediante $K=g^{(ab)}$ mod p. Por tanto, para el interlocutor A, la clave secreta $K = B^a$ mod K y para el interlocutor B, la clave secreta K la calcula mediante $K = A^b$ mod p.

  Este sistema es vulnerable si un atacante consigue interceptar, además de los números p y g (públicos), los números a o b. La fortaleza de este protocolo radica en escoger el número primo p suficientemente grande, del orden de 10^{200}, debido a que el coste computacional para realizar el cálculo sería intratable. No obstante, presenta una gran vulnerabilidad relacionada con la suplantación de identidad, debido a que no posee ningún mecanismo que valide la identidad de los interlocutores, por tanto, un atacante podría suplantar la identidad del emisor y viceversa.

- **RSA (Rivest, Shamir y Adleman).** Este algoritmo se basa en la dificultad de factorizar números grandes. Se escogen dos números primos grandes elegidos de forma aleatoria y que se mantienen en secreto, a partir de estos se realiza el cálculo de las claves pública y privada. Esto se realiza en secreto en la máquina en la que se va a guardar la clave privada. Una vez que se genera, conviene protegerla mediante un algoritmo criptográfico, y para ello se usa uno simétrico, porque dicha clave de protección no va a ser compartida, solo la conocerá el propietario.

  Este sistema permite longitudes de claves variables, pero es aconsejable usar claves de al menos 1024 bits (en la fecha de escritura de este libro, año 2024).

- **DSA (Digital Signature Algorithm).** Se traduce como algoritmo de firma digital y fue creado por el Gobierno Federal de Estados Unidos para firmas digitales. Como su nombre indica, está diseñado para firmar y no para cifrar. Presenta una desventaja frente al algoritmo RSA y es el tiempo necesario para el cómputo de las claves. Utiliza la función *hash* SHA1 o SHA2 en el proceso de generación de la firma.

Además de la criptografía simétrica y asimétrica, existe un tercer tipo de criptografía, denominada híbrida, que combina la criptografía simétrica y la asimétrica. Se emplea el cifrado de clave pública para compartir una clave para el cifrado simétrico. El mensaje que se esté enviando en el momento se cifra usando su propia clave privada, luego el mensaje cifrado se envía al destinatario. Debido a que compartir una clave simétrica no es seguro, esta es diferente para cada sesión. La criptografía híbrida se utiliza en algoritmos tan populares como PGP, GnuPG y TLS.

3.2.12. La criptografía aplicada a: la autenticación, confidencialidad, integridad y no repudio

La criptografía es necesaria en numerosas operaciones de un sistema de información.

- **Autenticación**. La autenticación es el proceso que tiene que realizar un usuario para tener acceso a los recursos de un sistema. El hecho de estar autenticado en un sistema implica una identificación (es necesario decirle al sistema quién es) y autenticación (es necesario demostrarle al sistema que el usuario es quien dice ser). La autenticación por sí sola no verifica derechos de acceso del usuario; estos se confirman en el proceso de autorización.

El proceso de autenticación en un sistema consta de tres fases conocidas como autenticación, autorización y registro. También se conoce como AAA, derivado de las siglas en inglés de *Authentication*, *Authorization* y *Accounting*.

1. **Autenticación**. Es la parte del proceso por el cual el usuario se identifica de forma inequívoca; es decir, que no puede existir confusión de quien dice ser.

2. **Autorización**. Es la parte del proceso en el cual el sistema autoriza al usuario que se ha identificado a acceder a los recursos del sistema que están disponibles para dicho usuario.

3. **Registro**. Es la parte del proceso en la que el sistema registra todos y cada uno de los accesos a los recursos del sistema que realiza el usuario, estando estos autorizados o no.

- En el proceso de autenticación se pueden utilizar tanto técnicas de criptografía simétrica como asimétrica. Por ejemplo, en sistemas de autenticación UNIX se utiliza una clave secreta almacenada mediante algoritmos *hash*.

  En sistemas de autenticación, como PGP, se utilizan técnicas de criptografía simétrica y asimétrica, pero la clave privada de cada usuario está protegida por criptografía simétrica.

- **Confidencialidad**. No siempre es posible tener éxito en el control de acceso. Por ejemplo, si queremos restringir el acceso a un determinado mensaje de manera que solo su destinatario pueda leerlo y que el destinatario esté en otra máquina. En ese caso, no tenemos capacidad de control sobre las redes y máquinas intermedias por las que pasará el mensaje, ni siquiera en el caso ideal de que tuviéramos control total sobre la nuestra. El servicio de confidencialidad nos permite codificar el mensaje de forma que nadie más pueda leerlo. Por tanto, la confidencialidad se define como el hecho de garantizar que la información es accesible solo para aquellos autorizados a tener acceso a esta.

  La combinación de la criptografía simétrica y asimétrica (criptografía híbrida) es, en la actualidad, la forma más segura de transferir información de forma confidencial, debido a que el emisor envía la información al receptor y para poder acceder a ella es necesario que el receptor se autentique con su clave secreta; si alguien intercepta el mensaje, al no tener la clave secreta del receptor, no podrá acceder a ella.

- **Integridad**. Es muy importante que un mensaje no pueda ser alterado o, al menos, que cualquier alteración del mismo pueda ser inmediatamente reconocible como tal por el receptor. Esto es el servicio de integridad y las técnicas que lo hacen posible se utilizan normalmente combinadas con la autenticación de origen para crear lo que se conoce como una firma digital. Esta garantiza que el remitente no ha sido suplantado y que el mensaje no ha sido modificado. Normalmente también lleva lo que se conoce como un sello de tiempo, que sirve como garantía de que el mensaje se envió en una fecha y hora determinadas. Para determinar si el mensaje ha sido alterado, se utilizan funciones *hash*.

- **No repudio**. Existen dos tipos de no repudio, en origen y en destino:

  — **No repudio en origen**. Indica que el mensaje fue enviado por un emisor concreto. Por tanto, el emisor no puede negar que envió el mensaje porque el destinatario tiene pruebas de dicho envío. El receptor recibe una prueba infalsificable del origen del envío, que evita que el emisor pueda negar tal envío y, además, debe tener validez judicial. En este caso, el propio emisor crea la prueba y el destinatario la recibe.

  — **No repudio en destino**. Prueba que el mensaje fue recibido por el destinatario especificado. Por tanto, el receptor no puede negar que recibió el mensaje porque el emisor tiene pruebas de la recepción. Esto proporciona al emisor la prueba de que el destinatario legítimo de un envío recibió el mensaje y, de esta forma, el receptor no podrá negar la recepción del mensaje. En este caso, el receptor crea la prueba irrefutable y la recibe el emisor; por tanto, es muy complicado de llevar a cabo.

Una de las principales ventajas de la criptografía de clave pública es que ofrece un método para el desarrollo de *firmas digitales*. La firma digital permite al receptor de un mensaje verificar la autenticidad del origen de la información, así como verificar que dicha información no ha sido modificada desde su generación. De este modo, la firma digital ofrece el soporte para la *autenticación* e *integridad* de los datos y para el *no repudio* en origen, ya que el originador de un mensaje firmado digitalmente no puede argumentar que no lo es.

3.2.13. Mecanismos de criptografía disponibles en el SGBD para su uso en las bases de datos

Los mecanismos de cifrado de datos dependen de la implementación que ha realizado cada desarrollador para cada sistema gestor de bases de datos, así pues cada SGBD puede tener mecanismos de cifrado comunes a otros y distintos.

TDE (Transparent Data Encryption). Se traduce como encriptación transparente de los datos. Es una tecnología utilizada por Microsoft y Oracle para cifrar los archivos de bases de datos. Esta tecnología ofrece cifrado a nivel de archivo y resuelve el problema de la protección de datos en reposo o almacenados y el cifrado de bases de datos y, por tanto, en él también queda resuelto el problema del cifrado de las copias de seguridad. Esta tecnología no protege los datos en tránsito ni los datos en uso, es decir, los datos se transmiten sin encriptar, tanto a nivel de uso como de trasmisión.

TDE realiza el cifrado y descifrado de E/S en tiempo real de los datos y los archivos de registro. El cifrado utiliza una clave de cifrado de la base de datos (DEK), que está almacenada en el registro de arranque de la base de datos para que esté disponible durante la recuperación. DEK es una clave simétrica protegida utilizando un certificado almacenado en la base de datos maestra del servidor o una clave asimétrica protegida.

- **Oracle.** Admite los algoritmos de encriptación AES128 bits, AES92 bits , AES256 bits, 3DES 168 bits y algoritmos *hash* SHA1 de 160 bits.

- **Microsoft SQL Server.** Los algoritmo que soporta son DES, Triple DES, TRIPLE_DES_3KEY, RC2, RC4, RC4 de 128 bits, DESX, AES de 128 bits, AES de 192 bits y AES de 256 bits. En la versión SQL Server 2022 los algoritmos AES fueron eliminados.

- **MariaDB.** Actualmente soporta los algoritmos de cifrado AES.

3.2.14. Descripción de los mecanismos criptográficos que permiten verificar la integridad de los datos

En los sistemas gestores de bases de datos debe existir un mecanismo que provea de herramientas para poder verificar la integridad de los datos. Estos mecanismos están basados en los algoritmos de autenticación o funciones *hash* de verificación de sumas.

Algoritmos de autenticación. También son conocidos como funciones *hash*. Una función de *hash* es una función que se puede utilizar para mapear los datos de tamaño arbitrario a los datos de tamaño fijo. Los valores devueltos por una función *hash* se llaman valores *hash*, códigos *hash*, sumas de *hash* o simplemente *hashes*. Una de sus utilidades consiste en la construcción de una estructura de datos llamada tabla *hash*, destinada a la búsqueda de datos. Las funciones *hash* aceleran las operaciones de búsqueda en una tabla o base de datos mediante la detección de registros duplicados en un archivo grande. También, y sobre todo, se utilizan para verificar la integridad de los datos. En esencia, la funciones *hash* son aquellas que tienen como entrada un conjunto de elementos y los convierten en un rango de salida finito, normalmente cadenas de longitud fija.

El concepto de función *hash* se aplica también a la criptografía, donde una función *hash* criptográfica es una clase especial de función *hash* que tiene ciertas propiedades que la hacen adecuada para su uso en la criptografía. A fin de cuentas, es un algoritmo matemático que mapea datos de tamaño arbitrario a una cadena de bits de un tamaño fijo (una función *hash*) y este está diseñado para ser también una función de un solo sentido, es decir, una función que es imposible de invertir. La única manera de recrear los datos de entrada a partir de la salida de una función *hash* criptográfica consiste en intentar una búsqueda por fuerza bruta de las posibles entradas buscando posibles coincidencias. Los datos de entrada reciben el nombre de mensaje, y la salida (el valor *hash*), resumen del mensaje. Se utilizan a menudo para la verificación de la integridad de mensajes y ficheros, verificación de contraseñas, como identificadores de ficheros y datos. Destacan las funciones *hash* MD5 y SHA:

- **MD5 (Message-Digest 5)**. El algoritmo MD5 es una función *hash* que se utiliza generalmente para la producción de un valor *hash* de 128 bits. MD5 fue diseñado para utilizarse como función *hash* criptográfica, pero debido a las numerosas vulnerabilidades que se han encontrado ha quedado como función para la generación de sumas de comprobación para verificar la integridad de los datos, pero solo por motivos de corrupción de datos no intencional. Como ejemplo se usará el algoritmo MD5 para generar el valor *hash* de una cadena de texto:

  Cadena de texto: "Este es un ejemplo de generación de la suma de verificación de esta misma cadena de texto."

  Valor *hash* mediante MD5: "752feeff7552599310d900f1967b48f0"

  Si cambiamos un solo carácter, el valor *hash* resultante es totalmente distinto, en este caso se va a calcular el valor *hash* de la misma cadena a la que le quitaremos el punto final de la frase '.':

  Nuevo valor *hash* mediante MD5: "148a093015a0f8c2bc3fc9b070521f0e"

  Como se puede observar, ambos valores *hash* son totalmente diferentes.

- **SHA (Secure Hash Algorithm)**. Este algoritmo surge como necesidad de encontrar un reemplazo para MD5. Actualmente se utiliza para aplicaciones de firma digital. Actualmente existen varias versiones:

  - **SHA0**. Se denomina con el '0' para referirse a que es la versión inicial. Es una función *hash* de 160 bits.

  - **SHA1**. Tiene una ligera modificación sobre SHA0 y sigue siendo una función *hash* de 160 bits.

  - **SHA2**. Se caracteriza por usar diferentes tamaños de bloque. Estos se conocen como SHA256 para tamaños de palabra de 32 bits y SHA512 para 64 bits.

  - **SHA3**. Es compatible con SHA2 y puede producir salidas de 224, 256, 384 y 512 bits.

    El mismo texto usado en el ejemplo para MD5, en SHA512 produce el valor *hash*:

    "6a647e31c4c5ebdc5fcb3f7c8a880583721986a859c71a75497 d29c60814a38fcf312654562441df495898d17143a2b7816 bf7d688e6469efec00c20742bd5"

3.2.15. Descripción de los mecanismos criptográficos que permiten garantizar la confidencialidad de los datos

Para poder garantizar la confidencialidad de los datos, es preciso realizar un cifrado de los mismos. El hecho de cifrar los datos permite dar un nivel mayor de seguridad a dichos datos, puesto que, si caen en manos de personas sin autorización para acceder a los mismos, tendrán que descifrarlos para poder utilizarlos. Para ello, se utilizan métodos como el descrito en el apartado 3.2.11.

Además, para evitar el acceso al sistema de información es necesario establecer un sistema de control de acceso de los usuarios de forma segura; este suele ser mediante el uso de un sistema de acceso al sistema mediante certificados digitales.

Un certificado digital o certificado electrónico es un fichero informático generado por una entidad de servicios de certificación que acredita unos datos de identidad a un usuario confirmando de esta manera su identidad digital en Internet o en una determinada ubicación. El certificado digital está diseñado para poder autenticar a un usuario. El nombre asociado a esta entidad de confianza es Autoridad Certificadora (AC), pudiendo ser un organismo público o empresa privada reconocida en Internet. El certificado digital está formado por un par de claves, una pública y otra privada, que solo conoce el propietario de dicho certificado y, por tanto, es un medio tecnológico de índole criptográfica.

El certificado digital tiene como función principal autenticar al poseedor, pero también puede servir para cifrar las comunicaciones y firmar digitalmente. En algunas administraciones públicas y empresas privadas se requiere para poder realizar ciertos trámites que involucren intercambio de información delicada entre las partes.

También es posible implementar sistemas de autenticación mediante servicios de directorio sobre protocolos seguros implementados con criptografía asimétrica, como LDAP sobre SSL o Kerberos con el que se establece sistema de autenticación para sistemas en red que hacen uso de la criptografía simétrica y que además tienen la posibilidad de usar criptografía asimétrica.

No obstante, el principal mecanismo para preservar la confidencialidad es el cifrado de los datos y de los medios donde se almacenan las copias de seguridad.

3.2.16. Métodos de conexión a la base datos con base criptográfica

En el sistema de información, además de los sistemas de autenticación seguros y cifrados de los datos, es necesario añadir otro componente que aporte seguridad en el transporte de los datos. Se puede establecer un sistema de autenticación seguro con una definición de roles y perfiles que funcionen correctamente y realizar un cifrado de los datos almacenados, tanto en el propio sistema de almacenamiento donde se aloja la base de datos como en los medios de almacenamiento de las copias de seguridad. No obstante, cuando los datos se transfieren a través de las redes de comunicaciones no están cifrados; por tanto, es necesario que esas transferencias sean también cifradas, pero ya nos estamos refiriendo a un sistema de conexiones cifrado.

Se pueden distinguir dos tipos de conexiones cifradas, los que requieren una modificación del *software*, en este caso del SGBD, y los que son independientes del SGBD, debido a que son autónomos.

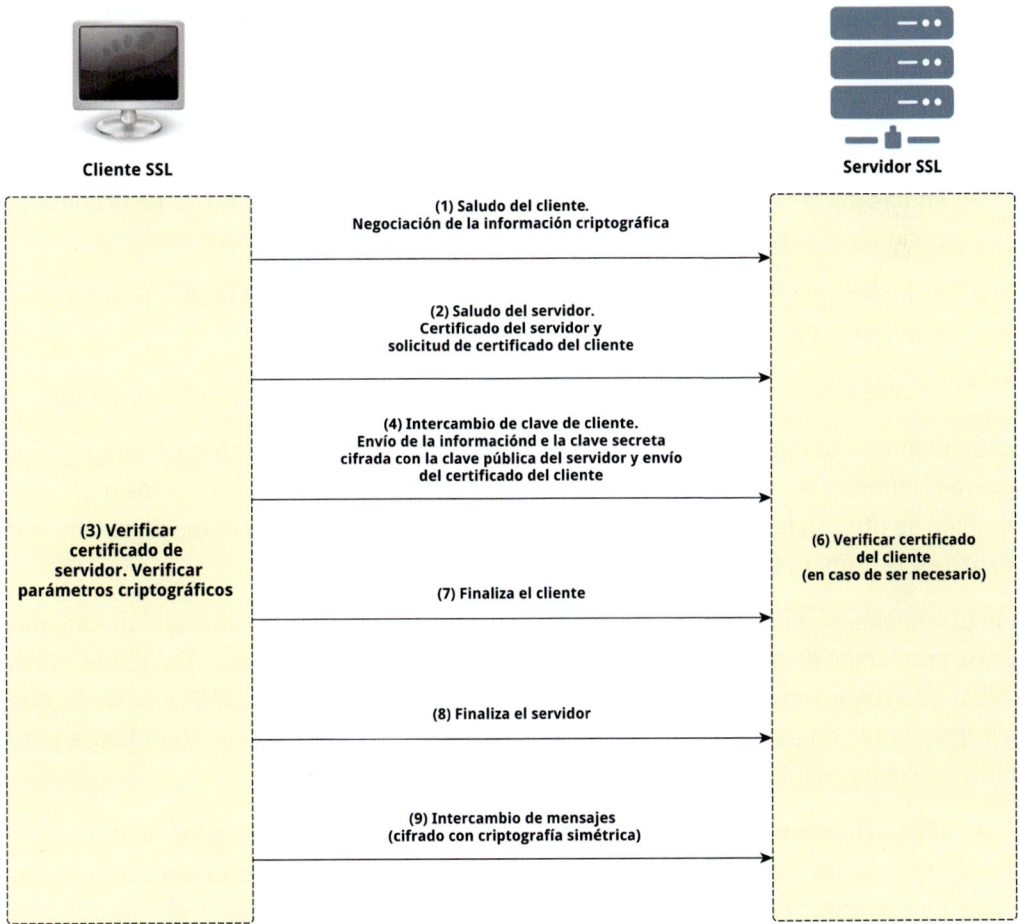

Figura 3.7. Secuencia en el establecimiento de una comunicación SSL/TLS.

El sistema de conexión estandarizado que requiere de integración en SGBD es SSL/TLS. SSL son las siglas de Secure Sockets Layer y es el antecesor de TLS, que son las siglas de Transport Layer Security. Ambos son protocolos criptográficos de comunicaciones para establecer comunicaciones seguras a través de una red, generalmente insegura, como es Internet, combinando criptografía simétrica y asimétrica. Esto no quiere decir que no sea conveniente y recomendable su uso a nivel redes LAN. Es un protocolo a nivel de aplicación, por tanto la configuración de la comunicación se realiza en la aplicación, en este caso en el SGBD y en el cliente se establecen los parámetros oportunos para realizar la conexión. Es un sistema que utiliza certificados para autenticar al cliente mediante técnicas de criptografía asimétrica e intercambiar la clave secreta (criptografía simétrica) y, de esta forma, los datos que se transfieren por esa conexión están cifrados. Este tipo de conexiones trabajan en la capa de transporte. En este tipo de conexión solo el servidor es el que se autentica (garantiza su identidad) y el cliente el que se mantiene sin autenticar, pero sin embargo proporciona autenticación y privacidad de la información entre ambos extremos de la conexión, el servidor y el cliente. El proceso mediante el cual se establece la comunicación consta de las siguientes fases y se puede ver en la imagen de la Figura 3.7:

1. Ambas partes negocian los algoritmos de cifrado que van a utilizar en la comunicación.

2. Se intercambian las claves públicas (cifrado asimétrico) y se realiza la autenticación basada en certificado digital.

3. Se cifra el tráfico de datos en la comunicación mediante un cifrado simétrico.

Actualmente se admiten los algoritmos de cifrado asimétrico RSA, Diffie-Hellman y DSA, y para el cifrado simétrico RC2, RC4, IDEA, DES, 3DES y AES. Además de estos métodos, también se utilizan las funciones *hash* MD5 y SHA. La selección de estos algoritmos se realiza en la primera fase, descrita anteriormente.

Los protocolos de comunicaciones cifrados independientes de la aplicación son, por tanto, protocolos de comunicaciones transparentes para la aplicación (en este caso el SGBD) y no requieren de modificaciones ni de configuraciones en el SGBD. A pesar de que la implementación de este tipo de conexiones se sale del marco de contenidos de este libro, se van a describir brevemente los más destacados:

- **IPSec (Internet Protocol Security).** Es un conjunto de protocolos destinados a asegurar las conexiones sobre el protocolo de Internet (IP), de forma que se obtiene autenticación y cifrado en cada uno de los paquetes que hay en el flujo de datos de la comunicación. Estos protocolos actúan sobre la capa de red, y, por tanto, es transparente para las aplicaciones. IPSec tiene dos modos de funcionamiento:

  — **Transporte:** comunicación entre dos ordenadores con IPSec.

  — **Túnel:** comunicación entre dos cortafuegos.

Los protocolos que utiliza IPSec son:

— **AH (Autentication Header)**. Es el encargado de la autenticación.

— **ESP (Encapsulation Security Payload)**. Destinado a la confidencialidad.

— **IKE (Internet Key Exchange)**. Es el que se encarga del intercambio de claves.

— **VPN (Virtual Private Network)**. Extiende conexiones de área local (LAN) a través de conexiones no seguras como Internet, obteniéndose como resultado que las redes y nodos estén conectados como si tuvieran conexión directa a la LAN. Las redes VPN se pueden usar de forma conjunta con IPSec para establecer túneles SSL/TLS, lo cual permitirá que las comunicaciones estén cifradas. Por lo tanto, VPN no tiene el cifrado implementado por defecto, sino que requiere de un tercero (SSL/TLS) para cifrar. Existen implementaciones que trabajan en la capa de enlace de datos y otras que trabajan en la capa de red.

- **SSH (Secure Shell)**. Es una aplicación y un protocolo destinado al acceso a máquinas remotas mediante una conexión cifrada a través de una red. La autenticación se puede realizar mediante métodos de criptografía simétrica y asimétrica. Este protocolo trabaja en la capa de transporte. La forma de utilizarlo es mediante el establecimiento de un túnel entre la computadora cliente y el servidor de bases de datos a través de un servidor SSH. Mediante este sistema no es necesario realizar ninguna modificación en el SGBD, ya que todo el protocolo y su funcionamiento es externo a él, y, por tanto, transparente.

Las conexiones cifradas solo nos sirven para que los datos se transmitan de forma cifrada, constituyendo una medida de seguridad más de las que deben estar implementadas en el sistema de información, por lo que además de las descritas a lo largo de este capítulo, es necesario que los servidores que ejecutan los sistemas gestores de bases de datos estén detrás de un cortafuegos (*firewall*).

3.2.17. Desarrollo de uno o varios supuestos prácticos en los que se apliquen los elementos de seguridad vistos con anterioridad

Se va a desarrollar un supuesto en el que se aplicarán las medidas de seguridad descritas a lo largo de este capítulo sobre el SGBD Oracle Database 23c. En concreto, se utilizarán perfiles, privilegios y roles de usuario, vistas de usuario y encriptado de datos. El supuesto práctico comienza suponiendo la siguiente política de seguridad para una base de datos con las siguientes tablas:

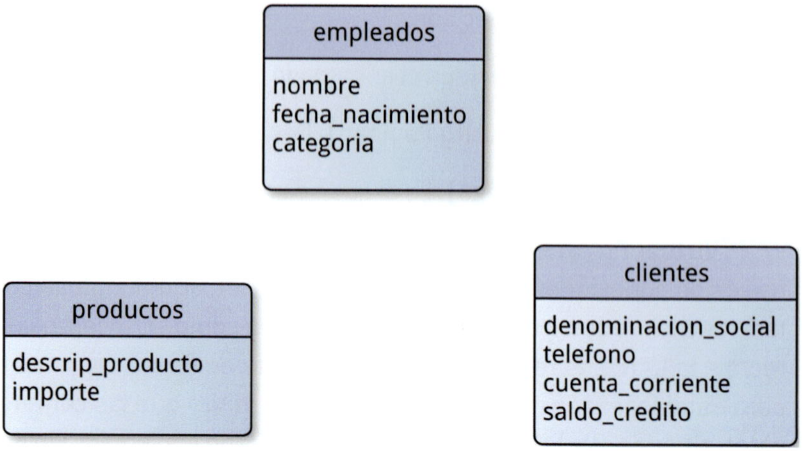

Figura 3.8. Supuesto práctico en el que se aplican los elementos de seguridad.

1. Existirán limitaciones en la asignación de los recursos del sistema en función del departamento al que pertenecen dentro de la empresa y de la relación con ella:

    1.1. <u>Departamento de recursos humanos</u>. Los usuarios de este departamento son Juan y Marta. El tiempo que permanecerá bloqueado un usuario después de rebasar el límite de intentos fallidos de autenticación será de una hora, el número de sesiones concurrentes por usuario será de cinco, el tamaño máximo de espacio de información en el área global del sistema será de 25 kB.

    1.2. <u>Departamento de cobros</u>. Los usuarios de este departamento son Carlos y Roberto. El tiempo que permanecerá bloqueado un usuario después de rebasar el límite de intentos fallidos de autenticación será de una hora, el número de sesiones concurrentes por usuario será de diez, el tamaño máximo de espacio de información en el área global del sistema será de 50 kB.

    1.3. <u>Usuarios externos a la empresa, son comerciales</u>. Los usuarios externos son Yolanda, Inés y Emilio. El tiempo que permanecerá bloqueado un usuario después de rebasar el límite de intentos fallidos de autenticación será de un día, el número de sesiones concurrentes por usuario será de dos, el tamaño máximo de espacio de información en el área global del sistema será de 10 kB, el tiempo máximo de conexión en cada sesión será de 30 minutos.

    Será común a todos ellos en lo concerniente a la contraseña que el número máximo de intentos fallidos de sesión no deberá exceder de cuatro y la contraseña será válida por un período de 45 días, y en lo concerniente al sistema, la limitación de los recursos de CPU, tiempo de conexión, el número de bloques leídos por sesión y la cantidad de espacio en SGA se ciñe a no poder exceder de 5 000 000 en su conjunto.

2. Los usuarios de los departamentos accederán a la base de datos con la autenticación del servicio de directorio activo que la empresa tiene implantado en el sistema informático y los externos a la empresa por autenticación mediante contraseña.

3. El departamento de recursos humanos solo podrá consultar los datos de empleados referidos a *nombre, fecha_nacimiento* y *categoria* para consulta, inserción y actualización; los del departamento de cobros, a los datos de clientes referidos a *denominacion_social, telefono* y *saldo_credito* para consulta. Los usuarios externos solo accederán a los datos de clientes referidos a *denominacion_social, telefono* y los referidos a *descrip_producto* e *importe* de la tabla productos, pero solo podrán consultar datos.

4. La actividad de los usuarios deberá ser monitorizada.

5. La comunicación entre el servidor de bases de datos y los clientes deberá estar cifrada.

Comenzando por los límites relacionados con los recursos del sistema y manejo de contraseñas, se crearán tres perfiles para los tres grupos de limitaciones que existen y se llamarán: *perfil_rrhh, perfil_cobros* y *perfil_externo.*

Creación del *perfil_rrhh:*

```
CREATE PROFILE perfil_rrhh LIMIT
     PASSWORD_LOCK_TIME        1/24
     SESSION_PER_USER          5
     PRIVATE_SGA               25K
     FAILED_LOGIN_ATTEEMPS     4
     PASSWORD_LIFE_TIME        45
     COMPOSITE_LIMIT           5000000;
```

Creación del *perfil_cobros:*

```
CREATE PROFILE perfil_cobros LIMIT
     PASSWORD_LOCK_TIME        1/24
     SESSION_PER_USER          10
     PRIVATE_SGA               50K
     FAILED_LOGIN_ATTEEMPS     4
     PASSWORD_LIFE_TIME        45
     COMPOSITE_LIMIT           5000000;
```

Creación del *perfil_exteno:*

```
CREATE PROFILE perfil_externo LIMIT
     PASSWORD_LOCK_TIME          1
     SESSION_PER_USER            2
     PRIVATE_SGA                 10K
     CONNECT_TIME                30
     FAILED_LOGIN_ATTEEMPS       4
     PASSWORD_LIFE_TIME          45
     COMPOSITE_LIMIT             5000000;
```

Para el sistema de autenticación, se dividen en dos grupos, el personal de la empresa y el externo o ajeno a la empresa, por lo que es lógico crear un rol de usuario para cada una de esas agrupaciones: *rol_interno* y *rol_externo.* Pero además los usuarios del departamento de recursos humanos solo accede a los datos de los empleados; el departamento de cobros y los usuarios externos, a los datos de clientes y, además, los usuarios externos, a los productos de la empresa; por tanto, cabe pensar que serán necesarios tres perfiles en lugar de dos, como se ha sugerido inicialmente. Sin embargo, por organización, será conveniente optar por las dos opciones aprovechando que a un rol se le puede asignar otro y, de esta forma, quedan establecidas las formas en las que los usuarios se autentican en función de la relación con la empresa y, además, los privilegios a los objetos en relación a su función en la empresa, así pues podemos establecer: *rol_rrhh* y *rol_cobros* asignados al *rol_interno,* y *rol_comerciales,* al *rol_externo.* De esta forma, si se crea un departamento nuevo en la empresa, bastará con crear el rol de dicho departamento con sus privilegios y asignarlo al *rol_interno.*

Creación del *rol_interno:*

```
CREATE ROLE rol_interno IDENTIFIED GLOBALLY;
```

Creación del *rol_externo:*

```
CREATE ROLE rol_externo IDENTIFIED BY contraseña_externos;
```

Creación del *rol_rrhh:*

```
CREATE ROLE rol_rrhh IDENTIFIED GLOBALLY;
```

Creación del *rol_cobros:*

```
CREATE ROLE rol_cobros IDENTIFIED GLOBALLY;
```

Creación del *rol_comerciales:*

```
CREATE ROLE rol_comerciales IDENTIFIED BY contraseña_
comerciales;
```

Asignación de privilegios a *rol_rrhh:*

```
GRANT select, insert, update, delete ON empleados TO
rol_rrhh;
```

Asignación de privilegios a *rol_cobros:*

```
GRANT select ON clientes TO rol_rrhh;
```

Asignación de privilegios a *rol_comerciales:*

```
GRANT select ON clientes TO rol_rrhh;
GRANT select ON productos TO rol_rrhh;
```

Se crean los usuarios:

Usuarios del departamento de todos los departamentos:

```
CREATE USER juan
     IDENTIFIED BY contraseña_juan;
CREATE USER marta
     IDENTIFIED BY contraseña_marta;
CREATE USER carlos
     IDENTIFIED BY contraseña_carlos;
CREATE USER roberto
     IDENTIFIED BY contraseña_roberto;
CREATE USER yolanda
     IDENTIFIED BY contraseña_yolanda;
CREATE USER ines
     IDENTIFIED BY contraseña_ines;
CREATE USER emilio
     IDENTIFIED BY contraseña_emilio;
```

Ahora se asignan los roles creados en función de la definición realizada anteriormente para cada usuario:

Se conceden los privilegios de los roles:

```
GRANT rol_interno TO rol_rrhh;
GRANT rol_interno TO rol_cobros;
GRANT rol_comerciales TO rol_externo;
```

Se asignan los roles a cada usuario:

```
GRANT rol_rrhh TO juan, marta;
GRANT rol_cobros TO carlos, roberto;
GRANT rol_comerciales TO yolanda, ines, emilio;
```

A continuación se establecerán las vistas de usuarios:

Se crea la vista para el *rol_rrhh:*

```
CREATE VIEW datos_rrhh_empleados AS
    SELECT nombre, fecha_nacimiento, categoria
    FROM empleados;
```

Se crea la vista para el *rol_cobros:*

```
CREATE VIEW datos_cobros_situacion_clientes AS
    SELECT denominacion_social, telefono, saldo_credito
    FROM clientes;
```

Se crean las vistas para el *rol_comerciales:*

```
CREATE VIEW datos_comerciales_clientes AS
    SELECT denominacion_social, telefono,
    FROM clientes;
CREATE VIEW datos_comerciales_productos AS
    SELECT descripcion_producto, importe,
    FROM productos;
```

Para el registro de la actividad de los usuarios, se edita el fichero *init.ora* y en la entrada correspondiente a AUDIT_TRAIL para establecer su valor a *true.*

AUDIT_TRAIL = TRUE

En el aspecto de las comunicaciones, al ser una empresa que tiene conexiones externas de los comerciales, es buena solución implantar una infraestructura de comunicaciones cifrada en el ámbito de redes virtuales privadas añadiéndole una capa de cifrado; se puede utilizar la combinación de OpenVPN sobre IPSec. Aunque esto corresponde al ámbito de sistemas y se sale de la temática de este libro; asimismo, el servidor de bases de datos tiene que estar detrás de un cortafuegos y ambos aspectos forman parte de la política de seguridad de un sistema de información y, en concreto, en el ámbito de las bases de datos, pertenecen al ámbito de sistemas.

Con respecto al cifrado de los datos, se utilizará el sistema introducido en este capítulo que tiene implementado Oracle Database, un sistema transparente de encriptación (TDE). El proceso de activación es el siguiente:

Se crea el directorio donde se almacenará la cartera de cifrado:

```
mkdir $ORACLE_HOME/admin/$ORACLE_SID/wallet
```

Se edita el fichero *sqlnet.ora* para ajustar las ubicaciones de la cartera de llaves; si se deja a Oracle que gestiones dicha cartera, el parámetro ENCRYPTION_WALLET_LOCATION puede quedarse vacío. El contenido de dicho fichero en sistemas operativos Linux y Oracle debe quedar como sigue:

```
ENCRYPTION_WALLET_LOCATION=
     (SOURCE=
          (METHOD=FILE)  (METHOD_DATA=
               (DIRECTORY=/app/oracle/admin/$ORACLE_
SID/wallet/)))
```

Desde SQL*Plus se verifica que el parámetro de inicialización es compatible (debe ser la versión 12.x) mediante la consulta realizada desde una sesión como usuario *sysdba*:

SELECT instance_name,status,database_status FROM v$instance;

Se crea el almacén de llaves (*keystore*):

```
ADMINISTER KEY MANAGEMENT CREATE KEYSTORE 'C:\oracle\
admin\mcs1\wallet' IDENTIFIED BY "clave_sysdba";
```

Se abre el almacén de llaves (*keystore*) mediante:

```
ADMINISTER KEY MANAGEMENT SET KEYSTORE OPEN IDENTI-
FIED BY "clave_sysdba" CONTAINER=ALL;
-- check the status
```

```
SELECT WRL_PARAMETER,STATUS,WALLET_TYPE FROM
V$ENCRYPTION_WALLET;
```

A continuación, se crean la clave principal para el contenedor CDB y las conexiones PDB mediante:

```
ADMINISTER KEY MANAGEMENT SET KEY IDENTIFIED BY "cla-
ve_sysdba" WITH BACKUP USING 'clave_para_backups'
CONTAINER=ALL;
```

Se exporta la llave principal con la ejecución de:

```
ADMINISTER KEY MANAGEMENT EXPORT ENCRYPTION KEYS
WITH SECRET "clave_llave_secreta" TO 'C:\oracle\ad-
min\mcs1\wallet\masterkey_cdb_exp.bkp' IDENTIFIED BY
"clave_sysdba";
```

Es el momento de establecer el almacén de llaves (*keystore*) local para los inicios de sesión automáticos:

```
ADMINISTER KEY MANAGEMENT CREATE AUTO_LOGIN KEYSTORE
FROM KEYSTORE 'C:\oracle\admin\mcs1\wallet' IDENTI-
FIED BY "clave_sysdba";
```

Se abre el *keystore* de inicio de sesión automático:

```
ADMINISTER KEY MANAGEMENT SET KEYSTORE OPEN
CONTAINER=ALL;
```

Para verificar el estado de la configuración TDE, se pueden utilizar las siguientes instrucciones:

```
SELECT * FROM V$ENCRYPTION_WALLET;
SELECT * FROM V$ENCRYPTION_KEYS;
SELECT WRL_PARAMETER,STATUS,WALLET_TYPE FROM
V$ENCRYPTION_WALLET;
SELECT KEY_ID,KEYSTORE_TYPE FROM V$ENCRYPTION_KEYS;
SELECT KEY_ID FROM V$ENCRYPTION_KEYS;
SELECT KEYSTORE_TYPE FROM V$ENCRYPTION_KEYS;
SELECT WRL_PARAMETER FROM V$ENCRYPTION_WALLET;
SELECT STATUS FROM V$ENCRYPTION_WALLET;
SELECT * FROM V$ENCRYPTED_TABLESPACES;
```

```
SELECT TABLESPACE_NAME, ENCRYPTED FROM DBA_TABLESPACES;
SELECT * FROM DBA_ENCRYPTED_COLUMNS;
```

Si fuera necesario cerrar el *keystore* del inicio de sesión automático, se puede hacer mediante la instrucción:

```
ADMINISTER KEY MANAGEMENT SET KEYSTORE CLOSE IDENTI-
FIED BY "clave_sysdba" CONTAINER=ALL;
```

Con este supuesto práctico estarían contemplados los sistemas de seguridad básicos dependientes del SGBD; en este caso, Oracle Database 23c.

ACTIVIDADES

3.1. Define los conceptos de confidencialidad, integridad y disponibilidad.

3.2. ¿Qué son las LOPDGDD y RGPD?

3.3. ¿Qué es la AEPD? ¿Cómo se definen los datos según la AEPD?

3.4. ¿En qué consisten las leyes de primera, segunda y tercera generación?

3.5. ¿Cuáles son los derechos descritos en la LOPDGDD?

3.6. ¿Cuáles son las obligaciones que se deben cumplir respecto al almacenamiento de la información?

3.7. ¿Cuáles son las causas que provocan infracciones según la LOPDGDD? ¿Cuáles son las cuantías de estas infracciones?

3.8. ¿Cuáles son las principales funciones que cubre la AEPD?

3.9. ¿Qué era el registro general de protección de datos? ¿Cómo se actualiza este registro en la normativa en vigor? ¿Quién es el responsable de los datos de los ciudadanos?

3.10. ¿Quién es el Delegado de la Protección de Datos? ¿Qué funciones tiene?

3.11. Especifica y describe cuáles son las amenazas a la seguridad en la categoría de accidentales.

3.12. Especifica y describe cuáles son las amenazas a la seguridad en la categoría de intencionadas.

3.13. ¿Cuáles son las cuatro reglas básicas que debe cumplir toda política de seguridad?

3.14. En casos concretos, ¿qué medidas de seguridad se deben tener en cuenta en una base de datos?

3.15. ¿Para qué se utilizan los perfiles de usuario? Pon algunos ejemplos de recursos que pueden ser limitados mediante el uso de perfiles.

3.16. ¿Cuál es el comando utilizado por Oracle para crear un perfil de usuario?

3.17. ¿Qué son los privilegios de usuario? ¿Qué dos grandes grupos de privilegios existen en un SGBD?

3.18. ¿Qué son las vistas de usuario? ¿Cuáles son las principales características de las mismas?

3.19. ¿Qué es la encriptación de datos? ¿Para qué es útil?

3.20. ¿Qué es el DCL? ¿Para qué tipo de sentencias se utiliza?

3.21. Enumera los roles más habituales de los usuarios de un SGBD.

3.22. Usando Oracle y MariaDB describe los comandos necesarios para crear varios roles y asignarlos a varios usuarios diferentes.

3.23. ¿Cuál es la definición de auditoría informática?

3.24. ¿Cuáles son los datos que se suelen auditar?

3.25. Enumera y describe algunas de las herramientas disponibles en los SGBD para seguir la actividad de los usuarios activos en el sistema.

3.26. ¿En qué consiste la traza de la actividad de los usuarios desde el punto de vista forense? ¿Cuáles son las principales herramientas y métodos que existen para realizar esta tarea?

3.27. ¿Qué es SQL Server Profiler?

3.28. ¿Qué normativa regula la monitorización de la actividad de los usuarios? Enumera los puntos más relevantes de los artículos que regulan la monitorización de los usuarios.

3.29. ¿En qué consiste la criptografía? ¿Qué dos grandes familias de algoritmos criptográficos existen?

3.30. ¿Cómo funcionan las técnicas de clave privada o simétrica? Enumera las ventajas y desventajas de este tipo de técnicas de cifrado.

3.31. Enumera algunos de los ejemplos más populares de cifrado de clave privada.

3.32. ¿Cómo funcionan las técnicas de clave pública o asimétrica? Enumera las ventajas y desventajas de este tipo de técnicas de cifrado.

3.33. Enumera algunos de los ejemplos más populares de cifrado de clave pública.

3.34. Explica los siguientes conceptos de criptografía: autenticación, autorización, registro, confidencialidad, integridad, no repudio.

3.35. ¿Cuáles son los algoritmos de encriptación utilizados por SGBD tales como Oracle, MariaDB y Microsoft SQL Server?

3.36. ¿Cuáles son los algoritmos criptográficos utilizados para verificar la integridad de los datos?

3.37. ¿Cuáles son los mecanismos criptográficos que permiten garantizar la confidencialidad de los datos?

3.38. ¿Cuáles son los métodos de conexión a las bases de datos con base criptográfica?

3.39. ¿Cuáles son las fases por las que se compone la comunicación entre cliente/servidor utilizando mecanismos de encriptación? Ilustra tu respuesta con un diagrama.

3.40. Describe los protocolos de comunicaciones de información cifrada más populares.

4. Transferencia de datos

Contenidos

Introducción

Los administradores de bases de datos a menudo utilizan términos como migrar una base de datos, importar y exportar bases de datos, *backup* de una base de datos, etc. Estos términos están relacionados con la transferencia de datos. A lo largo de este capítulo se van a describir el objeto de cada uno de estos términos y los casos en los que es necesario el uso de cada uno de ellos.

Transferencia de datos es un término genérico que se utiliza en bases de datos para indicar el paso de los datos de una base a otra, bien sea de un SGBD a otro igual o diferente, o bien a un fichero físico en un determinado formato.

4.1. Descripción de las herramientas para importar y exportar datos

Las herramientas para importar y exportar datos son aplicaciones destinadas a la manipulación de los datos y objetos de una base de datos con el fin de prepararlos para que puedan ser transferidos a un SGBD.

- **Importación**. Son aplicaciones para trasladar datos y objetos procedentes de otra base de datos, y estos pueden estar en el mismo formato o en otro distinto.

- **Exportación**. De forma análoga, las herramientas de exportación son aplicaciones que preparan los datos y objetos de la base de datos actual, de forma que puedan ser trasladados a otra base de datos que puede estar en el mismo formato o en uno distinto.

Los procesos de exportación e importación, dependiendo de las bases de datos de origen y destino, pueden requerir el uso de ambos, o bien uno solo de ellos. A continuación se describen algunos escenarios que lo clarifican:

- Si el sistema gestor de bases de datos de destino no tiene herramientas para importar la base de datos del origen, será necesario realizar una exportación de los datos y objetos necesarios en el SGBD de origen a un formato que sea reconocido por el SGBD de destino y, posteriormente, realizar una importación de los ficheros generados en el SGBD de destino para integrar los datos y objetos a la nueva base de datos.

- Si el SGBD de destino tiene herramientas de importación para importar datos y objetos de la base de datos de origen, bastará con realizar la importación directamente y los datos y objetos de la base de datos de origen quedarán integrados en la nueva base de datos.

- Si el SGBD destino no tiene herramientas para importar desde la base de datos de origen y el SGBD tampoco tiene herramientas para exportar al SGBD de destino, se recurre al uso de formatos intermedios. Se revisan las especificaciones de las herramientas de importación y exportación de ambos SGBD en busca de formatos compatibles y, de esta forma, se podrá realizar una exportación a dicho formato desde la base de datos de origen y, posteriormente, se podrá importar en la base de datos de destino. Estos formatos intermedios suelen ser estándares y estar integrados en casi todas las herramientas de importación y exportación de casi todos los sistemas gestores de bases de datos.

También existen herramientas de terceros, que no son de ninguna de las empresas que han desarrollado los sistemas gestores de bases de datos, y que están específicamente diseñados para resolver este tipo de problemas de incompatibilidad de formatos entre ambos sistemas gestores de bases de datos. El principal objeto de la existencia de estas aplicaciones se debe a las ocasiones en las que es necesario recurrir a formatos intermedios. La transferencia de la base de datos no es factible al cien por cien debido a que no todos los objetos de la base de datos pueden ser exportados a estos formatos y estas aplicaciones han sido diseñadas específicamente para estas situaciones.

Durante los procesos de importación y exportación de datos no se deben realizar modificaciones en la base de datos, es decir, que no se deben ni introducir, ni modificar, ni eliminar datos de las base de datos. Además, es recomendable que no haya conexiones activas en ninguna de las bases de datos, ni en la de origen ni en la de destino.

4.1.1. Importancia de la integridad de datos en la exportación e importación

La integridad en una base de datos es la corrección y exactitud de la información contenida en ella. Para que los procesos de importación y exportación se realicen de forma correcta, deben preservar la integridad de la base de datos y, por tanto, deben cumplir las siguientes reglas de integridad:

- **Integridad de unicidad de clave primaria**. Tras realizar el proceso de importación de los datos se tiene que preservar que las claves primarias sean únicas en cada fila de cada tabla.

- **Integridad referencial**. Una vez la base de datos esté importada, se tiene que cumplir la relación entre las claves foráneas y las primarias. Por tanto, se debe verificar que no existen claves foráneas nulas (con el valor *NULL*) porque, en este caso, se interpreta que no existe una relación entre ambos objetos o que la relación es desconocida y, por tanto, se rompe la integridad de la base de datos. Esto además implicaría que no se pudieran insertar correctamente datos que estén relacionados, la actualización de datos relacionados no sería posible y tampoco la eliminación de los datos relacionados, ya que producirían filas huérfanas en las filas de las tablas donde se encuentran las claves foráneas.

- **Integridad de dominio**. Hace referencia a que todos los valores de una misma columna deben tener el mismo tipo de datos y, por tanto, después de la importación esto se tiene que preservar.

4.2. Clasificación de las herramientas

Además de las herramientas de importación y exportación que sirven como ayuda para la transferencia de datos, existen otras herramientas que están destinadas a la copia de seguridad de bases de datos.

Las herramientas de copia de seguridad están destinadas a generar una copia de la base de datos en un soporte de almacenamiento externo con el fin de poder restaurarlo en caso de que la base de datos sufra un error irreparable.

Las herramientas de copia de seguridad, también conocidas como *backups*, se clasifican en *backups* físicos y *backups* lógicos.

Los *backups* físicos son aquellos que copian físicamente los ficheros de la base de datos y los *backups* lógicos son aquellos que copian o vuelcan el contenido de la base de datos sin almacenar la posición física.

4.2.1. *Backups* en caliente

Son copias de seguridad que se realizan mientras la base de datos está *online*. Este tipo de copias de seguridad se realizan cuando la base de datos no se puede detener.

Dependiendo de las capacidades del SGBD para realizar esta operación, se tendrán más o menos limitaciones. Algunos SGBD mantienen la base de datos *online,* pero bloquean las actualizaciones, inserciones y eliminaciones de datos para evitar inconsistencias.

Los SGBD más avanzados, como Oracle, crean un registro de lo que ocurre en la base de datos cuando están funcionando (modo *archivelog)* que permite que la copia de seguridad se realice sin el bloqueo de las operaciones de actualización, inserción y eliminación sobre los datos y preservando la integridad de los mismos.

Hay que tener en cuenta que la copia de seguridad en caliente, mediante registro de actividad, implica una mayor sobrecarga de procesamiento del sistema, por lo que repercutirá en el rendimiento de las operaciones que los usuarios realicen sobre la base de datos y, además, necesitará más espacio de almacenamiento. Cuando se realicen este tipo de copias de seguridad en bases de datos grandes con una cantidad muy alta de registros, será necesario disponer de un *hardware* de grandes prestaciones y con una capacidad de almacenamiento elevada.

4.2.2. *Backups* en frío

El sistema de copia de seguridad en frío, a diferencia del sistema de copia de seguridad en caliente, necesita que la base de datos esté detenida y, por tanto, no se podrá interactuar con ella en el transcurso de este tipo de copia de seguridad. El proceso de copia de seguridad en frío, una vez se ha detenido la base de datos, consiste en la copia de todos los ficheros de la base de datos. Generalmente, este tipo de copias de seguridad se realiza mediante comandos básicos del sistema operativo y, a pesar de que los SGBD tienen implementadas herramientas destinadas a este tipo de operaciones, estas utilizan comandos básicos del sistema operativo para evitar que el usuario encargado de realizar dicha tarea tenga que interactuar con el sistema operativo.

Como ejemplo de copia de seguridad en frío, se realizará un *backup* de las bases de datos existentes en un SGBD MariaDB. Para esto, será necesario localizar los ficheros de las bases de datos en el sistema de almacenamiento, que en este caso será el disco duro local de la computadora que ejecuta el SGBD y dicho SGBD será MariaDB.

En este caso, la computadora corre sobre un sistema operativo Linux CentOS 9, y en la instalación por defecto de MariaDB los ficheros de las bases de datos se almacenan en el directorio cuya ruta es `/var/lib/mysql/`.

Con esto se consigue una copia de seguridad de la base de datos mundo, pero no de la configuración de MariaDB ni de los usuarios y permisos que hay en el SGBD y, para esto, habría que copiar los ficheros contenidos en la ruta `/var/lib/mysql` y el fichero de configuración del servicio MariaDB ubicado en `/etc/my.cnf`. Para ello, se usa la siguiente secuencia de comandos:

1. En primer lugar, como este tipo de *backup* no admite que el sistema esté disponible, se debe parar el servicio mariadb mediante *systemd*.

   ```
   systemctl stop mariadb
   ```

2. Se copian las bases de datos incluidas las propias de MariaDB.

   ```
   cp -R /var/lib/mysql/ /mnt/hdd_backup
   ```

3. Se copia el fichero de configuración del servicio MariaDB.

   ```
   cp -R /etc/my.cnf /mnt/hdd_backup
   ```

4. Finalmente se inicia nuevamente el servicio *mariadb* mediante *systemd* para que las bases de datos estén activas nuevamente.

   ```
   systemctl start mariadb
   ```

Los *backups* lógicos se pueden realizar con la base de datos *online* y consisten en un volcado de los datos que hay en la base de datos, pero sin almacenar posiciones físicas de los datos, es decir, vuelcan los datos y definiciones de la base de datos a través del SGBD sin copiar los ficheros de la base de datos. Si se quiere que la copia de seguridad sea consistente, es necesario controlar que no se realicen ni actualizaciones ni inserciones en la base de datos durante el proceso de copia de seguridad.

Al ser un proceso en el que se obtienen tanto los datos como la estructura lógica de la base de datos, permite que la base de datos sea portable, es decir, que la copia de seguridad está en un formato que facilita el intercambio entre sistemas gestores de bases de datos.

A continuación, se muestra un ejemplo del uso de *backup* lógico sobre la base de datos cuyo nombre es *ejemplodb*.

Para este caso en MariaDB se utiliza el comando *mysqldump,* cuyo funcionamiento básico consiste en conectarse al SGBD MariaDB y volcar los datos y su estructura a un fichero mediante una redirección. Para que esto sea posible, el usuario con el que *mysqldump* realiza la conexión tiene que tener permiso *SELECT* en todas las tablas de la base de datos.

El comando utilizado sería el siguiente:

```
mysqldump -u usuario -p ejemplodb > /mnt/hdd_backup/
ejemplodb.sql
```

En la Tabla 4.1 se muestra un resumen de características de los tipos de copias de seguridad de bases de datos.

Tabla 4.1. Comparativa de característica de los diferentes tipos de *backups* de bases de datos

Característica	Tipo de *backup*		
	Frío	**Caliente**	**Lógico**
Probabilidad de inconsistencia	Baja	Alta (requiere control)	Alta (requiere control)
Disponibilidad	No	Sí	Sí
Velocidad	Rápida	Media	Lenta
Portabilidad	No	No	Sí

Estas herramientas, que forman parte del conjunto de herramientas de seguridad, están destinadas a mantener un respaldo de los datos y poder restaurarlos en caso de un desastre en el sistema de información, muchas veces se utilizan para transferir datos a otro SGBD. Esto se hace cuando se necesita trasladar la base de datos de un SGBD a otro SGBD igual que, generalmente, está albergado en otra computadora.

Es necesario recordar la importancia del posterior tratamiento de las copias de seguridad, debido a que estas suelen contener información sensible y, por tanto, hay que cifrarlas y almacenarlas en un lugar seguro. Si los ficheros resultantes de la copia de seguridad tienen un tamaño considerable, es posible utilizar herramientas para comprimirlas.

4.3. Muestra de un ejemplo de ejecución de una exportación e importación

Para mostrar este ejemplo, se utilizará MariaDB como sistema de gestión de bases de datos (SGBD), y como herramientas de importación y exportación se emplearán las incluidas en la aplicación MySQL Workbench. Es importante tener en cuenta que, aunque MariaDB y MySQL Workbench no son completamente compatibles, sí lo son para las operaciones simples.

MySQL Workbench es una aplicación que permite una conexión remota al servidor de bases de datos MySQL y MariaDB, y efectuar multitud de operaciones, desde las elementales de bases de datos, como consultas, actualizaciones e inserciones, hasta modelar la base de datos y realizar ingeniería inversa para poder modificar diseños de bases de datos existentes y llevar a cabo operaciones de importación y exportación de bases de datos, entre otras opciones.

En primer lugar, se instala la aplicación que está disponible en la sección de descargas de la página web oficial de MySQL (http://dev.mysql.com/downloads) bajo licencia GPL. Gracias a que es una aplicación multiplataforma, funciona en diferentes sistemas operativos, por lo que debemos seleccionar el sistema operativo en el que se ejecutará antes de descargarlo. En este caso, se utilizará sobre un sistema operativo Linux, siendo idéntico su uso en cualquier otro sistema operativo.

Una vez instalada la aplicación, se ejecuta y se configura la conexión al servidor de bases de datos introduciendo la dirección IP, el nombre del usuario (deberá tener permisos de consulta o *SELECT* en las bases de datos sobre las que se realizarán las copias de seguridad) con el que se va a realizar la conexión y la contraseña del mismo.

4.3.1. Exportación de una base de datos

Para realizar la exportación, en el panel izquierdo seleccionamos la opción *Data Export* y, en la parte derecha de la ventana, se abre una nueva pestaña con las opciones de exportación. La interfaz de usuario de la aplicación está dividida en tres zonas, como se puede observar en la imagen de la Figura 4.1.

En primer lugar, en la zona de bases de datos se selecciona el esquema de bases de datos que se necesita exportar, pudiendo seleccionarse uno o varios esquemas de bases de datos; después se seleccionan los objetos que se van a exportar de cada esquema de bases de datos seleccionado. Luego se indica si se van a exportar solo datos, solo la estructura o ambos.

Por último, en la parte de opciones se seleccionan las opciones que se precisen.

En este caso, se va a realizar la exportación de la base de datos *world* completa, por lo que se ha seleccionado, como se muestra en la imagen de la Figura 4.1, el esquema *world* y todos sus objetos, indicando que se exportarán los datos y la estructura (*Dump Structure and Data*). Como opciones, se muestra que se va a realizar la exportación a un fichero que va a contener todo, tanto la estructura como los datos, y se indica la ruta donde se va a almacenar. También es interesante marcar la opción de crear el esquema (*Include Create Schema*) si se importa la base de datos en un SGBD en el que no existe dicho esquema y es necesario crearlo previamente.

Finalmente, se inicia el proceso de exportación mediante el botón de iniciar exportación (*Start Export*).

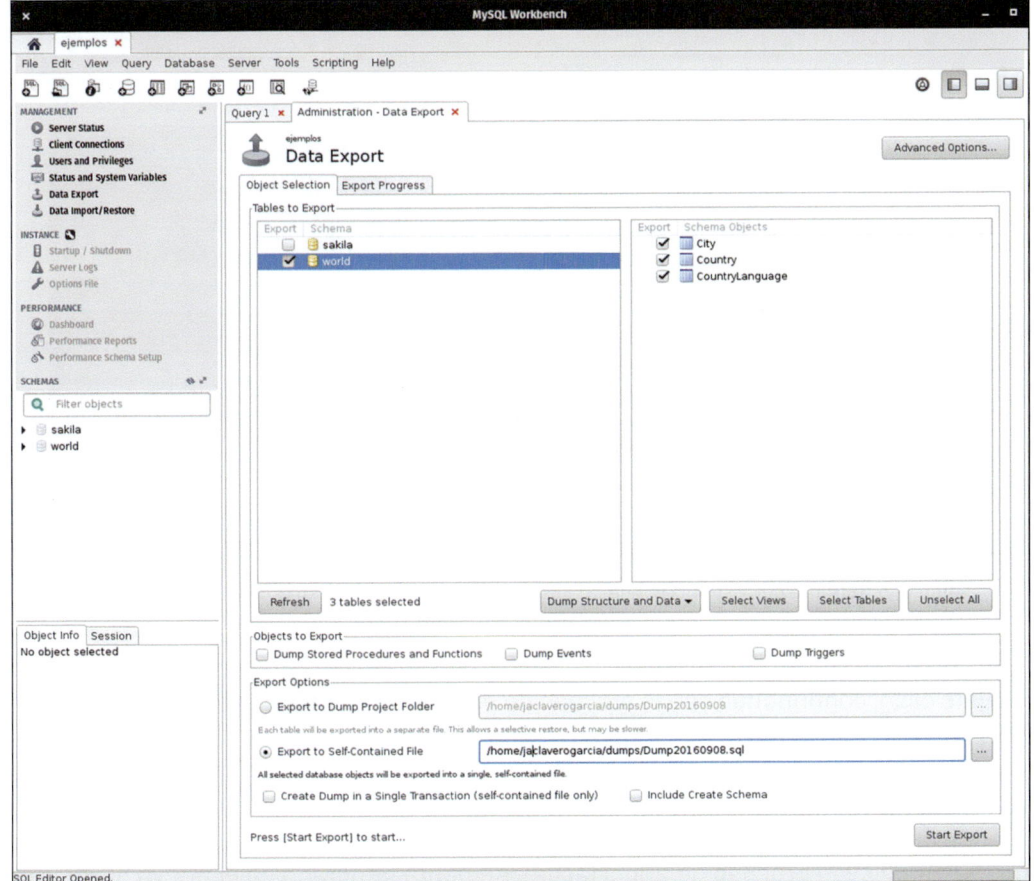

Figura 4.1. Ventana correspondiente a la herramienta para exportar una base de datos de MySQL con la aplicación MySQL Workbench.

4.3.2. Importación de una base de datos

Para realizar el proceso de importación, se lanza la aplicación MySQL Workbench y se configura la nueva conexión al nuevo servidor con MariaDB o MySQL en el que se desea importar la base de datos *world*. A continuación, se elige la opción de importar/restaurar datos (*Data Import/Restore*) del panel izquierdo, como se puede observar en la Figura 4.2.

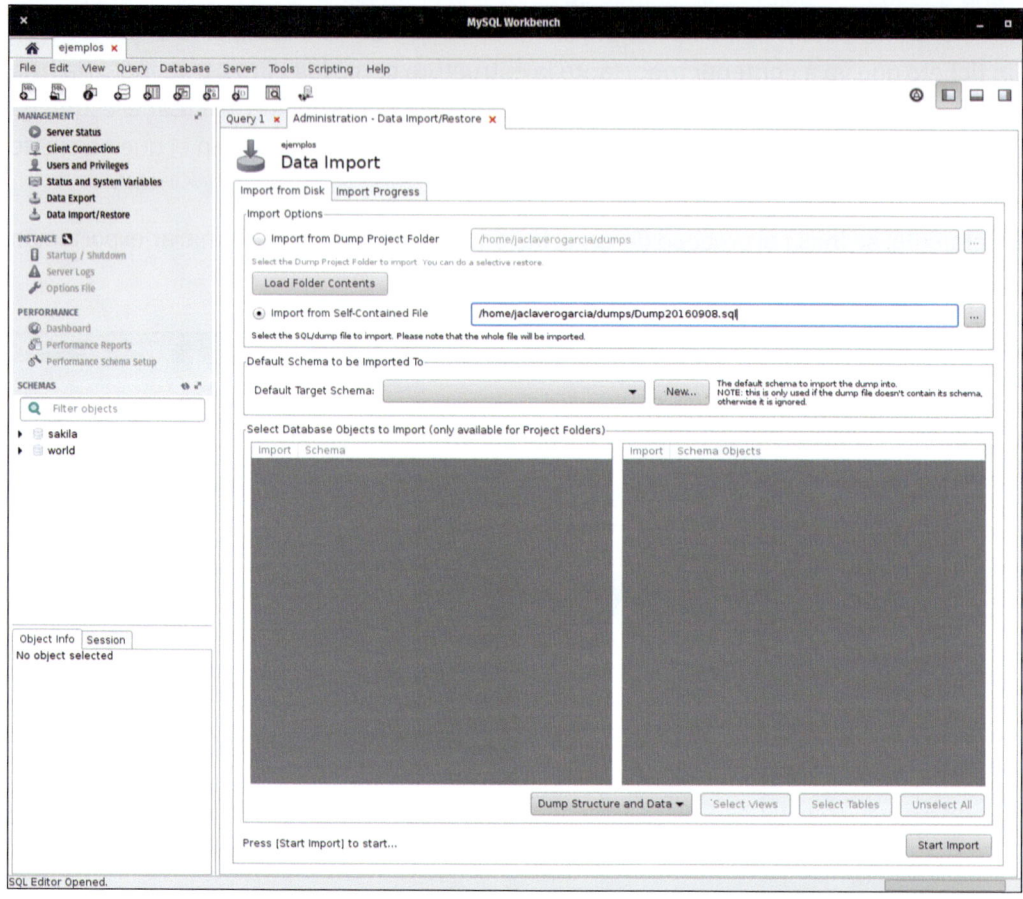

Figura 4.2. Ventana correspondiente a la herramienta para importar una base de datos MySQL con la aplicación MySQL Workbench.

En este caso, continuando con el proceso de exportación anterior, se selecciona la opción de importación desde un fichero (*Import from Self-Contained File*) y se indica la ruta del fichero. Para iniciar el proceso, se realiza mediante el botón iniciar importación (*Start Import*).

Cuando finalice el proceso de importación, se habrá generado en el nuevo SGBD una base de datos con idéntica estructura y datos a los que había en el momento en el que se realizó la exportación en el otro servidor.

Este mismo ejemplo se puede realizar sobre el mismo servidor de bases de datos y, para poder verificarlo, es posible realizar el mismo proceso, pero una vez exportada la base de datos, se elimina del servidor dicha base de datos, se realiza la importación y se verifica que se ha creado y contiene todos los objetos, datos y estructura.

4.4. Migración de datos entre diferentes SGBD

La migración de datos hace referencia al proceso mediante el cual se trasladan grandes volúmenes de datos entre diferentes sistemas de gestores de bases de datos.

En el sector empresarial y en las administraciones públicas son frecuentes las situaciones en las que es necesario realizar migraciones, bien por aumento del volumen de datos y/o de usuarios, por la búsqueda de nuevas tecnologías o de un sistema de información más potente y más seguro, por la mejora de las capacidades de integración en aplicaciones nuevas, e incluso debido a fusiones o adquisiciones entre empresas. Todas estas circunstancias empresariales implican cambios sustanciales en el sistema informático que sostiene el sistema de información, generando situaciones como:

- **Actualización de SGBD**. Cuando debido a las necesidades de uso de la base de datos es necesario realizar una actualización del sistema gestor de bases de datos a una versión nueva.

- **Cambio del SGBD**. Cuando se ha tomado la decisión de utilizar un sistema gestor de bases de datos diferente, como, por ejemplo, si el SGBD actual MS-SQL Server y se va a implantar como SGBD a MySQL.

- **Actualización de *hardware***. Cuando es necesario actualizar uno o varios componentes del computador donde se aloja la base de datos, o bien se requiere renovar el computador por uno nuevo para aumentar las prestaciones.

- **Actualización de *software***. Cuando se cambia o se actualiza alguna de las aplicaciones que interactúan con la base de datos, es necesario también actualizar el SGBD o cambiarlo a otro nuevo.

- **Fusión de bases de datos**. En numerosas ocasiones, en una empresa, es necesario fusionar bases de datos debido a que por algún motivo se decidió mantener los datos en bases de datos separadas y consideran que ahora es necesario que estén en la misma base de datos. En el proceso de fusión de dos o más empresas, puede ser necesario fusionar las bases de datos de cada empresa en una sola.

Estas situaciones dan lugar a iniciar un proceso de migración de la base de datos.

No se deben confundir los procesos de copia y restauración de bases de datos con la migración o transferencia de datos. El proceso de migración de bases de datos es muy delicado y, debido a esto, es necesario contemplar toda la casuística posible en cuanto a tipos de datos que se manejan, relaciones entre las tablas involucradas o entre otros puntos a tener en cuenta. Además, será necesario realizarlo en un entorno de pruebas en el que se contemplarán todos los posibles problemas, en cuanto a pérdida de datos e integridad de los mismo, etc. Solo en el momento en el que hay seguridad de que todo funciona correctamente en el entorno de pruebas, se realiza la migración real en el entorno de producción.

El proceso de migración de datos requiere de una extracción de los datos en el SGBD actual, una transformación de los mismos y su posterior carga en el nuevo SGBD. El paso de transformación puede no ser necesario.

Las migraciones de datos no son procesos sencillos, por el contrario, son muy complejos y, además, sumamente delicados, por esto es necesario realizar una planificación exhaustiva y, para esto, lo ideal es tratarlo como un proyecto en el que se debe realizar un estudio donde se contemplen aspectos como la viabilidad, la estrategia, planificación, contemplar todas las situaciones con sus posibles decisiones en cada una de ellas y preparar una guía u hoja de ruta, incluso si la envergadura del proyecto lo requiere realizar un diagrama del proceso para que sea más sencillo visualizar las etapas necesarias y el avance.

Una hoja de ruta general para realizar un proceso de migración de bases de datos puede ser la que se describe a continuación. Esta puede servir como guía para ajustarla a las necesidades de cada migración. A continuación, se describen las fases que deben definirse en dicha hoja de ruta.

1. **Preparación.** En esta primera fase se define el alcance del proyecto de migración de la base de datos; en él se analizan los costes y previsiones de recursos, los plazos de ejecución según el volumen actual de datos, se comunica e involucra del proyecto al equipo TI (tecnología de la información), se establece un calendario para el proceso de migración. En caso de ser necesario, se elabora un plan de formación, se definen las herramientas (tanto *hardware* como *software*) necesarias e incluso se realiza un plan de viabilidad.

2. **Planificación**. Esta fase es crucial para el proceso de migración debido a que es el momento en el que se toman decisiones importantes. Se deciden la manera de extraer los datos de la base de datos actual y los requisitos para la transformación de los datos. Si fuera necesario, se definen las reglas de mapeo de datos, se diseña el entorno de pruebas, se definen las pruebas necesarias para la integración y se establecen las operaciones de recuperación, en caso de fallo, en las distintas fases de la migración.

3. **Preparación de los datos**. Esta fase consta de tres estadios:

— **Calidad de datos**. Se definen los requisitos que deben cumplir para la calidad de los datos, siendo necesario que, al menos, se cumplan las reglas de integridad, consistencia y densidad. De esta forma, se establece la integridad por el cumplimiento de los requisitos de entereza, que se alcanza por la corrección de datos con anomalías y de validez, que se logra por la cantidad de datos que satisfacen las restricciones de integridad. Se establece que la consistencia se alcanza por la corrección de contradicciones y anomalías sintácticas. Por último, se establece la densidad, estableciéndola en un valor máximo tolerable y que será el cociente del número de valores omitidos en el proceso sobre el número de valores totales.

— **Perfilado de datos**. En este estadio es donde se modifican los datos, para que, partiendo de su formato actual, estos sean compatibles con el nuevo sistema gestor de bases de datos y, además, se cumpla la calidad de datos definida en el estadio anterior. Como tarea adicional a este estadio, se debe definir la manera de proceder con los datos que no cumplan con los requisitos de calidad de datos definidos.

— **Limpieza de datos**. En este último estadio de esta fase del proceso de migración, se detectarán datos erróneos, se corregirán datos y, en caso de ser necesario, se eliminarán datos, con el fin de obtener datos de calidad y que estos sean los esperados.

4. **Integración de los datos en el nuevo ambiente**. Esta fase se limita al uso de las opciones de las que disponga el sistema gestor de bases de datos para la adquisición de los datos, pudiendo existir aplicaciones para este fin, o bien ser necesario que el administrador de bases de datos lo realice de forma manual.

5. **Pruebas**. Se establecen las pruebas que servirán para verificar que el proceso de migración sea satisfactorio. En caso de detectarse anomalías, será necesario definirlas y buscar la causa para corregirlas, volviendo a comenzar el proceso de migración partiendo del entorno de pruebas reiniciado por completo a su estado inicial.

6. **Migración**. Una vez que se consiga la finalización del proceso de migración en el entorno de pruebas de forma satisfactoria y cumpliendo todos los requisitos establecidos, se lleva a cabo la migración en el entorno de producción y con la calendarización definida en el proyecto.

7. **Evaluación**. Se valorarán y se analizarán los resultados obtenidos y se determinarán los ajustes necesarios.

Es importante resaltar que el calendario de la migración debe realizarse muy cuidadosamente, teniendo en cuenta las épocas de mayor actividad de la base de datos. Además, será necesario comunicárselo al personal que utiliza la base de datos, debido a que no se podrá interactuar con la base de datos durante el proceso de migración, ya que los registros que se introdujesen en la base de datos durante la migración no serían transferidos y esto daría lugar un proceso de migración fallido.

Una vez realizada la hoja de ruta, comienza el proceso de migración, en este momento se ha realizado el proyecto y ha sido aprobado por los responsables de la empresa y se ha realizado el aprovisionamiento de todos los recursos necesarios para llevar a cabo el proceso de migración.

A la ejecución de la migración de bases de datos también se la denomina proceso de extracción, transformación y carga de datos, y se simboliza con las siglas ETL (procedentes la expresión en inglés *Extract, Transform and Load*). Por consiguiente, es en esta etapa del proceso de migración cuando se transfieren los datos de la base de datos actual (origen) a la nueva (destino), y esto se realiza mediante la extracción de los datos de la base de datos de origen, su transformación para adecuarlos al nuevo SGBD (destino) y, finalmente, su carga en el nuevo SGBD (destino). Esto hace que el proceso se divida en tres etapas, sin que sea posible comenzar la siguiente sin haber finalizado correctamente las anteriores. Estas etapas son:

- **Extracción**. Como se ha descrito en el párrafo anterior, el objeto de esta fase es la extracción de los datos de la base de datos de origen, y este proceso va a depender de dicha base de datos para su posterior transformación. En el estudio del proyecto se tomaron decisiones concernientes a esta fase, como es el formato en el que se convierten los datos que se extraen de la base de datos de origen para facilitar su posterior transformación. Cabe resaltar que el proceso de extracción no será el mismo en una base de datos relacional que en una base de datos formada por ficheros planos o que en una base de datos orientada a objetos y, por supuesto, se puede dar el caso de bases de datos mixtas. Es necesario tener en cuenta que el impacto en el rendimiento de la base de datos de origen durante el proceso de extracción es muy grande y, por tanto, hay que tratar de minimizarlo. Para ello, es necesario establecer horarios donde las conexiones a la base de datos sean mínimas o inexistentes. El proceso de extracción consta de tres pasos:

  — **Análisis de las necesidades**. Antes de comenzar con la extracción de todos los datos, es preciso realizar un estudio en el que se evalúan conjuntos de datos reducidos (generalmente buscando los datos que puedan ocasionar mayor número de conflictos), posteriormente se amplía a los datos que más se necesitan y así sucesivamente hasta que el volumen de datos restante se asume que es razonable para su extracción completa.

- **Evaluación de los orígenes de datos**. Es necesario, antes de comenzar a extraer datos, que se localicen los ficheros donde se encuentran los datos de origen, debido a que dependiendo del tipo de bases de datos, ya sean relacionales o no relaciones, su formato, archivos planos o archivos complejos como ficheros de Microsoft Excel, etc., deberán ser tratados de forma diferente. Además, es posible que los datos provengan de orígenes diferentes y deben ser unidos o fusionados en una sola base de datos.

- **Extracción de los datos**. En este paso se extraen los datos.

Existen tres maneras de realizar la extracción de los datos de la base de datos de origen.

- **Extracción total** (*full extract*). Se extraen todos los datos en forma de barrido.

- **Extracción incremental** (*incremental extract*). Solo se extraen los datos que han sido modificados o agregados desde la última extracción.

- **Notificación de actualizaciones** (*update notification*). Solo se extraen datos cuando se producen actualizaciones en la base de datos de origen.

- **Transformación**. En esta fase se manipulan los datos previamente extraídos con el fin de convertirlos de forma que se adecuen a las necesidades de la nueva base de datos. En algunos casos las transformaciones serán mínimas y, en otros, serán necesarias múltiples transformaciones. Las más comunes son: transformación de códigos, codificación de valores, generación de campos clave, división de columnas entre otras. Todas estas transformaciones son necesarias debido a que en numerosas ocasiones las bases de datos que se necesitan cargar provienen de otros países con unidades de medida diferentes, idiomas diferentes, etc., y es necesario transformar los datos para que queden integrados en la base de datos de la empresa manteniendo sus reglas de negocio.

- **Carga**. En esta última fase, los datos que ya se han extraído y transformado están listos para realizar la carga en la nueva base de datos (destino). Para asegurar en la medida de lo posible que el sistema de carga se realice en las mejores condiciones y sea satisfactorio, es necesario asegurar al máximo la consistencia de los datos, establecer como prioridad la calidad de la carga en lugar de la rapidez y si el sistema, además, se encuentra en producción, es imprescindible que se utilice la menor cantidad de recursos disponibles. Los dos tipos de carga de datos más importantes son:

  - *Inserts*. Mediante este sistema se dividen los datos en grandes bloques (previo estudio para determinar el tamaño de esos bloques) y serán los que se procesan para su carga. Es una operación es sencilla, pero frente a cortes en el suministro eléctrico o fallos de *hardware,* se genera una situación de inconsistencia, provocando que se tenga que comenzar la carga desde el principio.

— *Loads*. Es un proceso más lento debido a que la carga de datos se realiza de una forma menos agresiva en cuanto a cantidad de datos. Su principal característica es que se realiza mediante la agrupación de información, pudiendo agruparse por fechas, grupos de números de registros o cualquier otro criterio que se establezca y, a medida que realiza la carga, genera un registro en el que va reflejando el último registro cargado, por lo que frente a un fallo en el proceso de carga, sea de la índole que sea, es posible recuperar la carga por el último registro copia correctamente y, por tanto, este proceso de carga gana en consistencia de los datos frente a *inserts*, en detrimento de la velocidad.

En la actualidad, los sistemas gestores de bases de datos suelen disponer de herramientas para realizar migraciones a otros sistemas gestores de bases de datos, e incluso traer datos desde otros. A estas herramientas se las conoce con el nombre de herramientas de importación de datos y herramientas de exportación de datos. En muchas migraciones son de gran ayuda debido a que realizan la preparación de los datos y, además, lo hacen de una forma completa, es decir, no solo preparan los datos exclusivamente, sino que también exportan otros elementos como *tablespaces*, tablas y esquemas y, por tanto, facilitan en gran medida parte el proceso de migración.

Como ejemplo, MySQL Workbench es capaz de migrar datos procedentes de otros SGBD, como MariaDB, Sybase, Microsoft SQL Server, PostgreSQL y SQLite a un SGBD de MySQL automatizando muchas de las tareas descritas anteriormente y solicitando al usuario que introduzca los parámetros necesarios mediante un asistente.

4.4.1. Valoración de los posibles inconvenientes que podemos encontrar a la hora de traspasar datos entre distintos SGBD y proponer soluciones con formatos de datos intermedios u otros métodos

Los procesos de migración de datos no suelen ser sencillos y, en muchos casos, presentan inconvenientes o dificultades que obligan a tomar decisiones que implican una manipulación o transformación de los datos para que puedan ser traspasados desde el SGBD de origen, o fuente de datos, al SGBD de destino.

Los principales inconvenientes a la hora de traspasar datos de un SGBD son:

- **Codificación de caracteres**. A pesar de no ser un problema que afecta en sí a los SGBD, supone un inconveniente en el proceso traspaso de datos cuando los datos provenientes de la base de datos de origen y de destino no están codificados con el mismo juego de caracteres. Cuando ocurre esto, se pueden generar errores en los datos, debido a que los caracteres varían de un juego de caracteres a otro. Por ejemplo, si estamos trasladando datos del español codificado en español a otro juego de caracteres, es posible que caracteres como la 'ñ' o 'ü' sean reemplazados por otro carácter, e incluso crear errores numéricos en la interpretación de los signos ',' y '.' para la separación de decimales y miles. Para que los datos se trasladen correctamente, hay que comprobar la compatibilidad de los juegos de caracteres de los datos de las bases de datos de origen y destino antes de comenzar el proceso. Para evitar estas situaciones de incompatibilidad entre bases de datos, Oracle propone el uso del juego de caracteres Unicode en todas las bases de datos en la medida de lo posible. Unicode es un conjunto de caracteres que agrupa todos los demás juegos de caracteres y, aún así, no se resuelve del todo el problema debido a que se han implementado varias versiones.

- **Uso de SGBD y aplicaciones no estandarizados o propietarios**. Cuando es necesario obtener datos de aplicaciones no estandarizadas, se plantea la problemática de cómo obtener los datos. Esto suele ocurrir con sistemas cerrados de *software* de gestión, en los que se utilizan SGBD integrados en la propia aplicación y los formatos de archivos que contienen los datos no son estándares. Hoy en día la tendencia es contraria a que ocurran estas situaciones, cada vez está más extendido el desarrollo de aplicaciones que utilizan SGBD externos a la aplicación en sí y que además son estándares. Este problema se plantea cuando hay que migrar datos de empresas que aún están funcionado con una aplicación obsoleta.

- **Incompatibilidad en el lenguaje de consultas utilizado.** Todos los SGBD no siguen el estándar del lenguaje SQL (*Structured Query Language*), provocando que existan incompatibilidades entre diferentes SGBD. Dicho estándar está definido en la ISO/IEC 9075. Los SGBD están implementados con variaciones sobre el estándar, estas modificaciones tratan de resolver deficiencias que no están contempladas en la norma, pero en otras ocasiones se trata de mantener compatibilidad con versiones anteriores para que los clientes existentes puedan actualizar a versiones nuevas del SGBD. En otros casos, la variación consiste en no introducir todo el estándar en SGBD debido a la complejidad y el gran tamaño del estándar. Todo esto hace que existan incompatibilidades entre unos sistemas gestores de bases de datos y otros por motivos de estandarización.

- **Formato de los ficheros de datos no reconocido por el nuevo SGBD**. Cuando el SGBD de origen no puede exportar al formato de datos del SGBD de destino, es necesario recurrir a realizar una exportación a un formato que ambos sistemas gestores de bases de datos reconozcan, y así poder llevar a cabo el traspaso de datos. En estas circunstancias, se recurre a un formato estándar para el intercambio de datos entre diferentes aplicaciones, en este caso, sistemas gestores de bases de datos.

Para solventar estas situaciones de incompatibilidades entre SGBD, se recurre a utilizar aplicaciones de terceros, o bien otros formatos de almacenamiento de datos para intercambio y que ambos sistemas gestores de bases de datos sean capaces de interpretar.

Comenzando por los formatos de ficheros de almacenamiento de datos para intercambio, los más extendidos son:

- **Valores separados por comas**. Se designa por las siglas CSV (del inglés *Comma Separated Values*) y se usan también para la extensión del fichero e indicar así que el fichero está en este formato. Es un fichero de texto plano y su formato se estructura de una forma muy sencilla: consta de un registro por cada línea y los campos están separados por un carácter concreto que hace de delimitador del campo. Generalmente se usa el carácter ',' (coma), aunque también es frecuente usar el carácter ';' (punto y coma). Las aplicaciones poseen opciones para poder realizar importaciones y exportaciones de datos de forma precisa, ya que este formato de intercambio de información admite cierta flexibilidad a la hora de llenar el fichero con datos; se puede indicar que la primera línea sean los nombres de los campos y especificar el carácter delimitador. A continuación, se muestra un ejemplo de representación de una tabla de datos en formato CSV, en este caso delimitado por comas:

Nombre	Desarrollador	Licencia	Versión
Oracle Database	Oracle Corporation	Privativa	12c Release 1
MySQL	Oracle Corporation	GNU	5.7.12
MSSQL Server	Microsoft	Microsoft EULA	SQL Server 2022
MariaDB	Monty Program Ab	GNU	11.4.1
PostgreSQL	PostgreSQL Global Development Group	PostgreSQL License	9.5.2

La tabla se representará con el fichero de texto plano, que tendrá el siguiente contenido:

```
Nombre,Desarrollador,Licencia,Version
Oracle Database,Oracle Corporation,Privativa,12c Release 1
MySQL,Oracle Corporation,GNU,5.7.12
MSSQL Server,Microsoft,Microsoft EULA,SQL Server 2022
MariaDB,Monty Program Ab,GNU,11.4.1
PostgreSQL,PostgreSQL Global Development
Group,PostgreSQL License,9.5.2
```

- **Valores separados por tabuladores**. Se designa por las siglas TSV (*Tab-Separated Values*) y se usan también para la extensión del fichero e indicar así que el fichero está en este formato. También es frecuente encontrar este formato de fichero de intercambio de datos con extensión de archivo *.tab*. Tiene las mismas características que el archivo de intercambio de datos CSV, pero usando como carácter delimitador el tabulador. Este formato surge de la necesidad de prescindir del uso de los caracteres ',' y ';' como delimitadores debido a su uso frecuente en la escritura de datos.

- **Formato XML.** Es el lenguaje de marcas extensibles (del inglés eXtensible Markup Language). Estos ficheros están estructurados en partes bien definidas, que a su vez se pueden estructurar en otras partes. De esta forma, se puede representar información que tiene estructura, de una forma abstracta, reutilizable y legible. Además, posibilita que dos bases de datos distintas se comuniquen entre sí mediante un fichero en este formato. Los campos se delimitan por etiquetas a las que se les puede asignar el nombre deseado, atributos y valores. A continuación, se presenta la tabla usada en el ejemplo del formato CSV para mostrar un ejemplo muy sencillo de un fichero en formato de intercambio XML:

```
<SGBDS>
    <SGBD>
        <Nombre>Oracle Database</nombre>
        <Desarrollador>Oracle Corporation</Desarrollador>
        <Licencia>Privativa</Licencia>
        <Version>12c Release 1</Version>
    </SGBD>
    <SGBD>
        <Nombre>MySQL</nombre>
        <Desarrollador>Oracle Corporation</Desarrollador>
        <Licencia>GNU</Licencia>
        <Version>5.7.12</Version>
    </SGBD>
    <SGBD>
        <Nombre>MSSQL Server</nombre>
        <Desarrollador>Microsoft</Desarrollador>
        <Licencia>Microsoft EULA</Licencia>
        <Version>SQL Server 2022</Version>
    </SGBD>
```

```
<SGBD>
    <Nombre>MariaDB</nombre>
    <Desarrollador>Monty Program Ab</Desarrollador>
    <Licencia>GNU</Licencia>
    <Version>11.4.1</Version>
</SGBD>
<SGBD>
    <Nombre>PostgreSQL</nombre>
    <Desarrollador>PostgreSQL Development
    Group</Desarrollador>
    <Licencia>PostgreSQL License</Licencia>
    <Version>9.5.2</Version>
</SGBD>
</SGBDS>
```

- **JavaScript Object Notation**, conocido también por sus siglas JSON, es utilizado para la extensión de archivos (.json), indicando que el archivo es un fichero de intercambio de datos con estructura JSON. Es un formato de texto ligero para el intercambio de datos con estructura. En la actualidad, este formato está en auge, debido a que en comparación con el formato XML tiene una notación más sencilla, admite tipos de datos como números, cadenas de texto, *booleanos*, *null*, vectores e incluso objetos. A continuación, se utiliza la misma tabla utilizada en los ejemplos anteriores para ver su representación en el formato JSON:

```
{"SGBDS": [
    {   "Nombre":"Oracle",
        "Desarrollador:"Oracle Corporation",
        "Licencia":"Privativa",
        "Version":"12c Release 1"},
    {   "Nombre":"MySQL",
        "Desarrollador:"Oracle Corporation",
        "Licencia":"GNU",
```

```
            "Version":"5.7.12"},
    {   "Nombre":"MSSQL Server",
        "Desarrollador:"Microsoft",
        "Licencia": "Microsoft EULA",
        "Version":"SQL Server 2022"},
    {   "Nombre":"MariaDB",
        "Desarrollador:"Monty Program Ab",
        "Licencia": "GNU",
        "Version":"11.4.1"},
    {   "Nombre":"PostgreSQL",
        "Desarrollador:"PostgrSQL Development Group",
        "Licencia": "PostgreSQL License",
        "Version":"9.5.2"},
    }
```

Además del uso de formatos de ficheros destinados al intercambio de información, se suelen usar aplicaciones diseñadas específicamente para realizar migraciones de unos SGBD a otros como es el caso de Navicat de licencia privada y MySQL Workbench disponible bajo licencia GNU y que incluye una herramienta para migrar desde bases de datos de otros SGBD, entre otros.

4.5. Empleo de alguno de los mecanismos de verificación del traspaso de datos

Tras la finalización de una migración de datos surge la necesidad de verificar que los datos que hay en la base de datos de destino son los mismos que había en la base de datos de origen.

Por lo general, las aplicaciones que se utilizan para realizar las migraciones de datos entre dos sistemas gestores de bases de datos, ya sean ETL o de migración, incluyen tareas específicas para verificar que los datos que se han obtenido de la base de datos de origen son los mismos que se han cargado en la base de datos de destino.

El proceso de migración, como ya se ha descrito anteriormente, se realiza en un entorno de pruebas y, por tanto, aquí deben de ser realizadas todas las verificaciones necesarias para asegurar que los datos se van a transferir correctamente cuando se realice el traspaso de los mismos en el entorno de producción.

En primer lugar, para realizar estas verificaciones es necesario utilizar las herramientas que proporcionan las aplicaciones de migración y, por consiguiente, es importante que incluyan las siguientes opciones:

- **Información del conteo registros.** Debe mostrar el número total de registros del origen de datos y el número de registros cargados en la base de datos de destino. Si ambos coinciden, se han traspasado todos los datos pero, en caso de no coincidir, hay que valorar si el número de datos que no se han traspasado es asumible.

- **Verificación en traspaso.** Estas aplicaciones también incluye opciones que se ejecutan durante el traspaso de los datos. En este caso, es de especial interés chequear que el volumen de datos traspasado es igual, al cien por cien, que el dato original antes de empezar a traspasar el siguiente registro y, en caso contrario, añadir la entrada correspondiente en la bitácora de la migración para mostrarla en el informe que se generará una vez finalizado el proceso.

De esta forma se sabe si se han traspasado todos los registros y qué registros se han traspasado de forma correcta.

4.6. Interconexión con otras bases de datos

Debido a la existencia de diferentes sistemas de bases de datos, surge la necesidad de implementar sistemas de acceso para que tanto los sistemas gestores de datos como las aplicaciones puedan obtener datos sin importar cual sea el SGBD.

Existen dos estándares para interconectar diferentes bases de datos, Open Database Connectivity (ODBC) desarrollado por la empresa SQL Access Group (SAG) y que proporciona una API (*application programming interface*) destinada al acceso a sistemas gestores de bases de datos con independencia de los mismos. De esta forma, una aplicación puede, mediante ODBC, abrir una conexión a una base de datos y enviar consultas, actualizaciones y obtener los resultados.

De la misma forma, es posible realizar conexiones entre dos sistemas de bases de datos mediante ODBC conectando dos o más bases de bases de datos.

En la actualidad, se pueden realizar conexiones a datos desde aplicaciones ofimáticas como Microsoft Excel y LibreOffice Calc y desde aplicaciones de bases de datos como Microsoft Access y LibreOffice Base a bases de datos mediante conexiones ODBC.

En el año 1997, la empresa Sun Microsystems (ahora propiedad de Oracle Corporation) publicó una API para proveer al lenguaje de programación Java de métodos de consulta y actualización de datos mediante conexión a bases de datos. Esta API se llama Java Database Connectivity y suele identificarse con sus siglas JDBC. De esta forma, es posible conectar aplicaciones realizadas en el lenguaje de programación Java con dos o más bases de datos.

4.7. Configuración del acceso remoto a la base de datos

En la actualidad, no se suele acceder a las bases de datos directamente en la computadora que tiene el SGBD, sino que se realiza de forma remota, como es caso de la mayoría de las aplicaciones web que requieren una base de datos, de los programas de gestión ERP y CRM, etc. Dependiendo de los servicios que se ofrezcan, el acceso puede ser únicamente desde dentro de la sede de la empresa donde se encuentra el servidor de bases de datos, desde el exterior de dicha sede o simplemente el servidor de bases de datos no se encuentra en las instalaciones de la empresa y, por tanto, todas las conexiones a la base de datos son remotas.

Estas conexiones se realizan a través de redes de comunicaciones de datos, siendo el protocolo más usado el TCP/IP. Dependiendo de las necesidades de la empresa y de las posibilidades del SGBD, el acceso de remoto se puede configurar de varias maneras. En este libro se va a describir la forma de hacerlo reduciendo, en la mayor medida posible, los posibles efectos negativos que recaen sobre la seguridad del sistema de información.

Uno de los principales problemas que se generan al configurar una base de datos con acceso remoto es que se abre la posibilidad de que se exploten las vulnerabilidades del sistema y poner en riesgo la seguridad del sistema de información. Por lo tanto, cuando es necesario habilitar el acceso remoto a una base de datos, hay que tomar todas las precauciones posibles.

4.7.1. Enumeración de los métodos disponibles

Existen dos formas básicas para acceder remotamente a la información de una base de datos:

1. **Mediante una aplicación que tiene acceso seguro al SGBD.** Es común que los usuarios accedan de forma segura a la información de la base de datos mediante el uso de una aplicación remota que está alojada en un servidor que tiene credenciales de acceso a la base de datos. Esto es frecuente en las aplicaciones web, donde generalmente el servidor de la aplicación web y el de bases de datos están alojados en el mismo CPD o tienen una conexión segura, dejando aislado del exterior al servidor de base datos.

2. **Mediante acceso directo al SGBD.** En algunas ocasiones es necesario acceder directamente al SGBD, o bien con el intérprete de comandos del propio SGBD o mediante una aplicación que está instalada en el ordenador que accede a la información. Esta forma de acceso remoto se puede realizar mediante cualquiera de las siguientes formas.

- **Restringir el acceso mediante VPN**. Configurar el acceso mediante redes VPN (*Virtual Private Network*) permite que las conexiones a la base de datos se realicen de forma segura, como si el usuario estuviera en la red de las instalaciones de la empresa. Esta tecnología permite extender la seguridad de la red de área local (LAN) al cliente a pesar de realizar la conexión mediante una red insegura como Internet.

- **Protocolos de autenticación**. Es un tipo de protocolo de comunicaciones cifrado que está diseñado para transferir los datos de autenticación de forma segura, es decir, permite una autenticación segura entre el cliente de la base de datos y el servidor de bases de datos. Existen tres tipos de protocolos de autenticación:

  — **Protocolos de autenticación PPP**. Son PAP (Password Authentication Protocol), CHAP (Challenge-Handshake Authentication Protocol) y EAP (Extensible Authentication Protocol). Este tipo de protocolos permite establecer conexiones a nivel de enlace de datos (capa de enlace de datos del modelo OSI) entre dos computadoras y siendo capaz de proveer autenticación de la conexión, cifrado de la transmisión y compresión.

  — **Protocolos de arquitectura AAA** (*Authentication, Authorization and Accounting*). Este protocolo está basado en el uso de tres funciones: autenticación, autorización y contabilización. La autorización se basa en la demostración de las credenciales de una identidad y es la que concede privilegios en función de los que tiene definida la identidad. La contabilización registra todo el consumo de recursos de la red por parte de los usuarios.

  — **Protocolo Kerberos**. Permite a dos computadoras conectadas mediante una red no segura como Internet mostrar su identidad mutuamente de forma segura.

- **Listas de control de acceso**. Se suele expresar por las siglas ACL procedentes de su denominación en inglés *Access Control List*. Esta seguridad adicional se establece para especificar qué usuarios pueden realizar conexiones al SGBD, desde qué *host* pueden hacerlo, a qué objetos del SGBD y con qué permisos tienen acceso.

Se pueden realizar configuraciones mixtas en el caso que sea posible, es decir, que si unos pocos usuarios son los que necesitan acceder directamente el SGBD, se configura el uso a ellos a través de conexiones de red VPN y/o protocolos de autenticación, mientras que los demás usuarios acceden desde la zona segura, tratando así de minimizar los riesgos que puedan afectar a la seguridad del sistema de información.

Es frecuente que muchos servidores de bases de datos estén alojados en centros de procesamiento de datos ajenos a la empresa, ya sea mediante la modalidad de alquiler de servidores o de espacio para ubicar servidores propios (*housing*) pero, aún así, si se configuran correctamente los puntos descritos anteriormente, es posible poder implementar bases de datos de forma segura.

En cualquiera de los casos, es imprescindible, por razones de seguridad, que los servidores de bases de datos se encuentren siempre detrás de un cortafuegos con el fin de frenar los ataques a la seguridad de la información que contienen, preservando la disponibilidad, la confidencialidad y la integridad de los datos.

4.7.2. Enumeración de las ventajas e inconvenientes

A continuación, se van a resumir las principales ventajas e inconvenientes del acceso remoto a las bases de datos.

- **Ventajas**
  - Permite la implementación de bases de datos distribuidas mediante la conexión de SGBD situados en diferentes ubicaciones geográficas.
  - Se reducen los costes en la infraestructura de comunicaciones.
  - Permite a los usuarios de la base de datos realizar conexiones remotas para la consulta y actualización de datos, lo que posibilita el uso de aplicaciones de forma móvil.

- **Inconvenientes**
  - El principal inconveniente es el riesgo de seguridad y, por tanto, aumenta el coste de necesario para poder asegurar la disponibilidad, confidencialidad e integridad del sistema de información.
  - Aumento del coste de las comunicaciones, debido a la necesidad del aumento del ancho de banda de las comunicaciones.

ACTIVIDADES

4.1. Detalla las funcionalidades de las herramientas para importar y exportar datos.

4.2. ¿En qué consiste la integridad de datos? ¿Qué reglas se deben satisfacer para preservar la integridad de las bases de datos en los procesos de exportación e importación?

4.3. Describe los conceptos y diferencias entre *backups* en caliente, frío y lógico.

4.4. Elabora un resumen de las características de los tipos de copias de seguridad de las bases de datos.

4.5. Descarga el fichero de bases de datos de ejemplo world de la página web oficial de MySQL y sigue las instrucciones para cargarla.

4.6. Realiza el proceso de *backup* en frío del SGBD MariaDB y de sus bases de datos.

4.7. Realiza el proceso de *backup* lógico de todas las bases de datos del SGBD MariaDB. ¿Se podría hacer con el servicio MariaDB parado? Razona brevemente la respuesta.

4.8. Realiza el proceso de exportación e importación de la base de datos *world* mediante las opciones de directorio de proyecto (*Export to Dump Project Folder* y *Import from Dump Project Folder*).

4.9. Enumera y describe algunas de las situaciones que pueden surgir en una empresa para requerir de una migración de datos entre diferentes SGBD.

4.10. Realiza una hoja de ruta resumida para realizar una migración de datos simple.

4.11. ¿Cuáles son los pasos básicos para realizar la ejecución del proceso de migración?

4.12. Cuando se realiza una migración de datos pueden surgir los siguientes inconvenientes. Describe en qué consisten y cómo los resolverías:

1. Codificación de caracteres.

2. Uso de SGBD y aplicaciones no estandarizadas o propietarias.

3. Incompatibilidad en lenguaje de consulta utilizado.

4. Formato de los ficheros de datos no reconocido por el nuevo SGBD.

4.13. ¿Qué son XML y JSON? ¿Para qué se pueden utilizar en el contexto de la migración de datos?

4.14. ¿En qué consiste la verificación de los datos? ¿Y qué opciones suelen incluir las herramientas de verificación?

4.15. ¿Qué son y para qué sirven ODBC y JDBC?

4.16. Enumera y describe los métodos disponibles que existen para realizar el acceso remoto a las bases de datos.

4.17. ¿Cuáles son las principales ventajas e inconvenientes de realizar el acceso a bases de datos remotas?